JN310760

港食堂本

港食堂本

港町の激旨・庶民派！ 食堂&市場めし

魚三昧 港食堂リポート

食べる&買う 市場へGO!

ご当地名物 美味しい話

データの見方

住 住所　T 電話番号
営 営業時間　休 定休日
P 駐車場
HP ホームページ

※定休日の表記は年末年始・お盆休み・ゴールデンウィークの休みを省略しています。

【おすすめ】
写真掲載以外のお薦めメニュー

【おみやげ】
お薦めのお土産

用宗 MOCHIMUNE
焼津 YAIZU

吉田 YOSHIDA
舞阪 MAISAKA
福田 FUKUDE
遠州灘
御前崎 OMAEZAKI

鮮度抜群。
港直結
「生シラス丼」

絶品!
目玉トロトロ
「かぶと煮」

エッ、
干物定食が
ワンコイン!?

魚仲買人
だからできる
驚きの
鮮度＆価格

地物キンメは
やっぱり
とろとろ煮付けで

たらふく、満腹、いただきます。

とろける！
本マグロ
大トロ
9枚のせ

海の絶景と
潮風と、
海鮮焼き！

朝7時開店。
魚市場関係者
御用達

深海魚!?
「刺身定食」
あります

魚三昧港食堂リポート

静岡県はやっぱりすごい。
相模湾から駿河湾、遠州灘まで
大小50近い漁港があり、港町には決まって、
地元民に愛されている、とっておきの食堂がある。
それもすこぶる庶民的で
値段も格安、なにより新鮮ときている。
さあ、今度の休日はたらふく・満腹・魚三昧！といきましょう。
伊東から舞阪までの厳選27の港町食堂と、
「食べる」「買う」どちらも堪能できる
お薦め市場に、ご案内します。

厚さ3センチ
にして
カリッと香ばし
「かきあげ丼」

地物キンメはとろとろ煮付けで。イカの丸焼きはワタを絡めて豪快に

国道135号オレンジビーチ沿い、伊東港の前に目指す店はあった。1階は自家製干物や鮮魚を扱う魚売場で、2階が食堂。その鮮度はこの立地からも推して知るべしだ。さて、この店のお楽しみはなんといっても、自分で焼いて、焼き立てアツアツをフファ、フファしながら食べるそのスタイルにある。そしてここを訪れるほとんどの客がオーダーするのが「いかの丸焼き」だ。腹にワタの入ったままのイカを網の上にのっけて、片面それぞれ2〜3分。皿に移してナイフで輪切りにして、まだ生の状態のワタをたっぷり絡めてほお張れば、口の中に一気に広がる濃厚な味わい。まさに至福の瞬間だ。ワタの付け焼

ふじいち

住 伊東市静海町7-6
T 0557・37・4705
営 10:00〜15:00LO ※土・日曜、祝日〜15:30LO 休 木曜不定休 P 30台
HP http://www.fujiichi.com

「金目鯛の煮付け」2400円。タレはご飯にかけて食べつくそう

きという手もありだと試してみたが、これもかなりイケる。

　さて、続いて何を食べようかと迷ったら、黒板の「本日のおすすめ」をチェックしよう。煮物の欄に記されたキンメダイはもちろん伊東港産。脂がのっているのが特色で、見るからにトロトロつやつやのタレが食欲を誘う。これが実にご飯に合うのだ。丼でいこうという向きには、11種類ものネタがのった「ふじいちおまかせ丼」もいい。名物の「ネゴめし」は赤身、白身、イカのブツ切りが山盛りの一品で、まずは醤油で食べ、3分の2までいったところで味噌をのせ、だし汁をかけて、お茶漬け感覚で一気にかき込もう。

　気取りのない食堂だからこそ、その味わいもまた一段と増すのだろうか。「また来たい！」。食べ終わった瞬間からそう思わせる店だ。

右：プリプリした食感の「あじたたき定食」1300円
下：後半戦はだし汁をかけて２度おいしい「ネゴめし」1400円

おすすめ

- 刺身盛込み　2500円、3500円
- 刺身定食　1100円
- アジのたたき丼　1300円
- サザエのつぼ焼き　500円～

【おみやげ】「いるかの黒潮干し」700円

伊東港産のイルカを使用。砂糖醤油に漬けて干したもの。軽く炙って食べる。右は「いかのくち」530円。

上・右：店の一番人気メニュー「いかの丸焼き」800円
下：本日のおすすめ焼魚「いさき」1000円前後

店主・白井富士雄さん

マグロ、カンパチ、キンメ、ヒラマサ、
イカ、シラスなどその日の漁でネタが
替わる「ふじいちおまかせ丼」2100円

稲取名物キンメ！〆はもちろん、煮付けのタレをご飯にかけて…

店の前には青い海が広がっていた。漁船が心地よさそうに波に揺れている。期待を膨らませて赤いのれんをくぐると、やはり！人、人、人。待合席には「いらっしゃいませ。お客様のおかげで本日も満席。ありがとうございます」の貼紙。稲取名物・雛のつるし飾りがカーテンのように待合席と客席とを隔てているのだが、隙間からおいしそうに料理を口に運ぶ人々の顔が垣間見える。きっとそのせいなのだろう。待っている時間も苦にならず、これからおいしい料理が食べられるのだ！という期待がどんどん膨らんでいく。

メニューの9割はキンメダイを素材とするもので、煮付け、刺身、なめろうなど、キンメダイを余すことなく楽しませてくれる。年配の旅行仲間らしき団体や家族連れ、若いカップルなど客層はさまざまだが、1テーブルに1つは運ばれている料理、それが「煮付け」だ。脂ののった身に、甘さと辛さのバランスのとれたタレがよくしみ込み、ご飯がどんどん進む。聞けばご飯の「おかわり自由」。ツウは残ったタレをご飯にかけて、軽く一杯いくらしい。納得の食べ技だ。

混み合う店内で機敏に動く女性たちの姿も気持ちがいい。そんな忙しい中でも客とのコミュニケーションは大切にしているようで、「これからどちらへ行かれるんですか？」「それじゃあ、あそこがお薦めですよ」などという会話が聞こえてくる。稲取を訪れたら一度は立ち寄りたい店だ。

きんめ処 なぶらとと

住賀茂郡東伊豆町稲取396
T0557・95・5155
営11：00〜15：00　休火曜（祝日営業）
P5台　HPhttp://www.kinmedai.jp

右：「きんめ鯛釜飯」1575円。注文してから炊きあがるまで20〜25分ほどかかるが待つだけの価値ある一品

「きんめ鯛煮つけ膳」2000円。豪快な煮付けに、魚介たっぷりのサラダ、日替わりの小付け、塩辛が付く

右：切り身となめろうのコンビネーション丼「きんめ鯛どんぶり」2100円。ほのかな味噌の風味が食欲をそそる

下：酒と共に注文したい「焼きなめろう」1300円。味噌の香ばしさとふわふわとした食感がたまらない

おすすめ

- おひなさま御膳　2850円
- きんめ鯛お刺身定食　2300円
- きんめ鯛まご茶漬け　1400円
- きんめ鯛のねぎとろ丼　1800円

意外に淡泊、コリコリ食感!? 戸田名物の深海魚をとことん味わう

駐車場には県内ナンバーはもちろんのこと、横浜、習志野と他県ナンバーも目につく。「魚重食堂」といったら戸田でも有名な深海魚専門店。メギス、ドンコ、トロボッチ、ゲホウ、ゴソといった珍しい深海魚を提供している。「日本一深い湾」として知られる駿河湾の中でも、特に2500メートルもの海溝がある戸田沖は、まさしく深海魚の宝庫。それらの素材を生で、焼いて、煮て、揚げてとさまざまな調理で楽しませてくれる夫婦二人三脚の食堂なのだ。

　肝心の深海魚の味はというと…。淡泊で、生で食べればコリコリとした食感も楽しめる。

深海魚料理
魚重食堂（うおしげ）

住 沼津市戸田303-5
T 0558・94・2381
営 11：00～15：00、17：00～19：00（不定期）
休 火曜（祝日営業）
P 6台
HP http://www16.ocn.ne.jp/~uoshige/

「深海魚刺身定食」1500円。ゲホウ、メギス、タチ、ホンエビの4点盛り。ご飯、味噌汁、小鉢、塩辛、漬物、フルーツ付き

見た目のグロテスクさからは、拍子抜けしてしまうほどクセがない。一番人気の「深海魚刺身定食」は、ゲホウの尾頭付きに、メギス、タチ、甘エビのような味わいのホンエビの豪華4点盛り。これにご飯、だしが効いた味噌汁、小鉢、手作りの塩辛、漬物、フルーツが付いてくる。ただし5月10日～9月11日は深海魚の禁漁期間のため、刺身は食べられないので要注意だ。メニューはかなり豊富で、若い客に人気があるのは、ボリューム満点の「深海天丼」。メギス、ドンコ、ゲホウの切り身が2つずつ、お椀にそびえ立つように高く盛られている。これで十分満足できるはずではあるが、もっと食べたいというつわものには、この天丼にエビと穴子が追加された「ミックス天丼」がお薦めだ。ぜひトライを。

右：「深海焼き魚定食」1300円。メギス5匹に深海魚の刺身（写真はメギス）も付く
右下：「深海天丼」1250円。ドンコ、メギス、ゲホウが各2本ずつの豪快な盛り合わせ
下：「地魚の煮つけ（写真はドンコ）」1200円。ドンコが2匹。甘めのしっかりとしたタレがよくしみている

おすすめ

- 深海海老天丼　1400円
- 戸田港はんぺん定食　1200円
- うおしげ定食　1500円
- ミックス天丼　1350円

稲取のキンメダイ

おいしいエサのおかげでメタボです。
だからよそのキンメとは、ちょっと違うんです。

刺身や塩焼き、煮付けにするとおいしいキンメダイは、秋から冬にかけて脂がのる白身魚だ。世界の海に生息し、日本でも釧路以南の太平洋岸や東シナ海に分布し、おもな漁場は銚子沖・房総半島沿岸・相模灘・伊豆半島東岸・伊豆小笠原海嶺・室戸沖・紀南礁・南西諸島など広範囲に及ぶ。

東京都中央卸売市場の都道府県別取扱量では、静岡県産は1040トン（平成20年）とキンメ全体の37％を占め、2位の千葉県572トンに大きく水をあけてダントツの第1位だ。静岡では県内の各港に水揚げされるが、中でも稲取港は近海ものの漁獲高日本一であるばかりでなく、「稲取のキンメダイ」としてその名を知られている。

それには、理由がある。他県の漁場のものと脂肪量を比較した調査によると、稲取沖のキンメダイは、身も皮も脂肪含有量が多いのだそうだ。稲取のキンメは、伊豆半島と大島の中間あたり、稲取港から東へ約10キロの「矢筈出（やはずだし）」周辺を漁場としている。ここにキンメのエサとなるハダカイワシが三陸沖から南下してくることと関係があるのではと推測されている。つまりエサが違うのだ。さらに漁場から港まで距離が短く、食卓に上るまでの時間が短いことも評判を高くしている。鮮度も味のうち。やはり稲取まで出かけて食べたい。ちなみに、同じように煮付けで知られるキンキと呼ばれる魚がいるが、それはカサゴの仲間。混同している人も多いが別物である。

※参考　http://www.pref.shizuoka.jp/j-no1/m_kinme.htm　http://www.izu-hamabe.jp/new.kinmedai.htm

戸田の深海魚

外見には似つかぬ、繊細な味に驚かされ…。
そう、大切なのは外見より中身なのです。

深海魚とは、深海に生息する魚をさす。深海とは水深200メートルより深いところ。でも地球の海の平均的な深さは3700メートルくらいというのだから、海の大半が深海、と言っても過言ではない。ウナギのようにものすごく深いところで誕生しながら、成長の過程で暮らす深さを変えたり、夜になると浅いところまでエサを求めて浮上する魚もいるのだから、実は「深海魚」に明確な定義は存在しないのだ。キンメダイも300～1000メートルにすむ魚だから深海魚なのである。しかし誰もそうは思わない。その姿が〝普通〟だからだ。

海は深いほど水圧が高くなり、光は弱くなる。深い海で暮らす魚は、だから皮が硬く厚くなったり、光ったり、目が大きくなったり、体型が変形して一風変わった姿になって生きている。浅海のアジ、サバなどの姿に慣れた目には、グロテスクに映る。昔は捕れる量がわずかだったこともあり、下魚として売りに出されず、漁師町の住人のみが知る味だった。

戸田は名物タカアシガニを捕獲する底引き網が盛んで、日常的に深海魚が揚がる。ならばこれを名物にと取り組む食堂や民宿ががんばっている。戸田で食べられる深海魚は、焼いても煮てもおいしいノドグロ（アカムツ）、タイの仲間のマテやゴソ（ヒウチダイ）。グロテスクな外観を裏切る、まろやかな味が、珍しもの好きな食通の間で話題だ。ほかにもキスに似たメギス、タラの仲間のゲホウ、アイナメに似たドンコなど。深海魚だからうまいのではなく、戸田の海にはうまい深海魚がいるのだ。

西伊豆の海の絶景を楽しみながら堪能する鮮度抜群の海鮮焼き

宇久須港の目の前、絶景ビューポイントにあるのが「海鮮焼き」で知られる「かねじょう」だ。1階はいけす、2階は海鮮焼きの店として営業。2階のデッキからはのどかな漁港の眺めが心地よい。主人の浅賀丈吉さんの家は、明治時代から代々、いけす商売をしている。「うちのいけすは、海から直接、海水を引いているんだよ。一般の店舗で使われている循環水槽に生かしておいたものとは、味が全然違うから。食べてごらん」。

主人に促され、焼き上がったサザエをほお張る。ジワ～ッとあふれだす身のうま味。雑味がなく、かみしめるとさらに味わいが増し、肝の苦みすらうま味に変わる。「伊勢エビは、みんな刺身で食べたがるけど、僕は焼くのをお薦めしている。理由は、食べればわかるよ」。言葉に従い、焼いてもらったさばきたての伊勢エビを食べてみた。焼いたことでさらに身の甘みが引き出され、味わいが増している。こんな新たな感動に出合えるのも、スペシャリストがいる店だからこそ。さて、締めの一品は、ぜひ「猫玉御飯セット」を。主人が子どもの頃に味わった卵かけご飯を再現したものだそうだ。

「自慢の海鮮焼きと、この景色を楽しんでほしいから、時間に余裕をもって来てほしいね。夕食をうちの店で予約して、民宿に素泊まりするお客さんもいるんだよ」。確かに！その手もあるかもしれない。

海鮮焼き かねじょう

住 賀茂郡西伊豆町宇久須202-94
T 0558・55・0708
営 11:30～16:00、17:00～21:00
休 水曜（祝日営業）　P 4台
HP http://www.kanejyou.com/

左：「猫玉御飯セット（松）」760円。具材のみ（地元産の卵、岩海苔、カツオ節、本ワサビ）で、ライスは別売り。カツオ節は削り器で削ってくれる

「伊勢エビ刺身」4000円ぐらい〜。大きさによって価格は変わる。頭は2つに割り、焼いて食べる

「海鮮焼き」各種。「活サザエ壺焼き」1個525円〜、「有頭エビ（大正エビ）」1匹315円〜、「イカ（中）」1パイ630円（ホイル焼き付き）

「海鮮丼」1560円。味噌汁、お新香付き。その日によって丼の素材の内容は替わる

デッキ席は人気なので予約がお薦め

おすすめ

- 海のバーベキューセット（2人前） 4200円
- 少団体向けおまかせセット（4人以上〜） 1人前1575円〜
- 塩ガツオのお茶漬け 700円
- タカアシガニ（12〜2月頃） 8190円ぐらい〜

干物製造会社直営ならではの安さとうまさ。なんと定食がワンコイン！

港食堂

食堂の開店時間11時とともに、続々と客が流れ込み、あっという間に満席になった。壁一面ガラス張りの明るい店内からは海が青々と見え、磯の香りまでが届いてきそうだ。場所柄、観光客が圧倒的に多いが、サラリーマンの姿もチラホラ。地元らしき客人たちが食べているのは、本日のお薦めメニュー「ぶりの大トロ炙り定食」。ワンコインメニューの「真あじの干物定食」、「サバ醤油干し定食」も人気と見た。これらはいずれもご飯、味噌汁がおかわり自由で、セルフサービスのため遠慮なく何杯でもおかわりできる。

さて、このワンコインという安

住沼津市千本港町128-1
沼津みなと新鮮館内
T055・962・2800
営 11：00～15：00（LO14：30）※物販は9：00～17：00
休第2・4火曜（祝日営業）
P30台

「真あじ干物定食」500円。驚愕のワンコインメニュー。しかも、ご飯、味噌汁はおかわり自由

「港ひつまぶし」1500円。7種類の海鮮がたっぷり。1つで3度楽しめる看板メニュー

さの理由だが、実はこの店、干物製造会社の直営で、もちろん自家製。鮮度も申し分がない。食後そのまま自宅用に買って帰る人も多いという。

ほどなく、看板メニューの「港ひつまぶし」が運ばれてきた。直径20センチほどの丼にマグロやエビなどの魚介類がたっぷりと盛られ、彩りも鮮やかだ。まずは醤油とワサビを付けて海鮮丼として食べ進める。途中で箸を止めるのは難しいが、3分の2ほど残っているところで、自家製のねぎ味噌と万能ネギを混ぜ合わせ、ひつまぶしとして味わう。最後の3分の1は、三つ葉とワサビをのせ、アツアツのだし汁を上からかけてお茶漬けで締める。うまい具合に配分し、異なる3つの味を楽しめば、気分もお腹も、間違いなく大満足だ。

「特上金目干物定食」1000円。1日限定10食

【おみやげ】
「干物各種」アジ（12尾）600円～

加工の段階でキズがついてしまったアジの干物。味はまったく同じで、この価格、この量はかなりお得！

おすすめ

- サバ醤油干し定食　500円
- ぶりの大トロ炙り定食　1000円
- 釜揚げしらす丼　700円
- 地あじまご茶　1000円

「合いかけ丼」1000円。アジなめろう、サーモンなど9種類の味から2種類が選べる

店長・加藤佳子さん

駿河湾の旬を寿司で楽しむ。まずは「うに入りいか鉄砲」を

沼津港屈指の名店として知られる「鮨庵さいとう」の支店が沼津港飲食店街みなと旬彩街にある。場所柄、観光客が目立つが、地元の常連客も多い。つまり、魚にうるさい沼津人お墨付きの店ということだ。のれんをくぐると、店内には6人掛けのカウンターと、4人掛けのテーブル席が2つ。決して広いとは言い難いが、そのこぢんまりとした雰囲気が妙に落ち着く。そしてなにより、本店と違い、料金を店内に掲示してあり、その庶民感覚がうれしい（価格は日によって変動する）。

「うちは、手長エビでもヤリイカでもいけすに生かしておいて、注文が入るごとに調理して出しているんだよね」と話すのは、オーナーの齋藤毅さん。そんな活きのいいイカを使った、一番人気のメニューが「うに入りいか鉄砲」だ。イカ飯をヒントに考案した、酒の肴にもぴったりの一品で、輪切りにされたイカの、プリプリとした歯応えが何とも言えない。ほんのり甘いウニのしみ込んだ酢飯が、さっぱりしたイカの味とよく合う。

そしてやはり、ぜひとも食べたいのが「にぎり寿司」。マグロなど定番のネタもうまいが、地魚も外せない。「トロール漁がある時期の10～3月頃は、珍しい魚介類が入るんだよね。地元ならではのネタを味わいたいなら、ぜひその時期に来てほしいね」とは店主。その季節、その日の駿河湾の幸を味わえるのが、この店のにぎりの醍醐味だ。

鮨庵 さいとう みなと旬彩街店

住沼津市千本港町115-4みなと旬彩街内 T055・952・3009 営11:30～21:00（平日は休憩あり） 休木曜（祝日営業） P2台（ぬまづみなとパーキング1時間無料券あり）

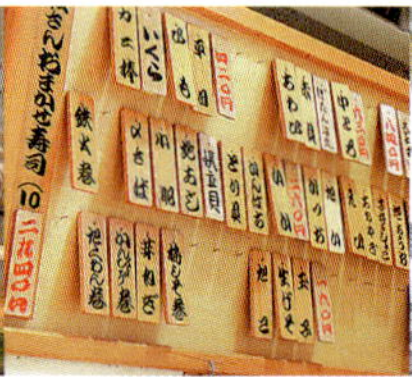

左：「豆あじの素揚げ」520円。地物の豆アジを一枚一枚手でさばき、開きにしたものをカラッと揚げる／みなと旬彩街店の渡辺利明店長

「板さんおまかせ寿司（10貫）」2940円。
その日のお薦めネタを握ってくれる

右：みなと旬彩街店だけの限定メニュー「三色丼」1360円

下：「うに入りいか鉄砲」1890円。主人がイカ飯にヒントを得て考案した オリジナルメニュー

おすすめ

- 地あじの刺身　940円
- 生しらすのつまみ　420円
- じんどういか（地物）1貫　260円
- 真ごち1貫　520円

寿司から刺身定食、煮付け、天丼、フライまで。新鮮魚介は奥深い

店先にはにぎやかな大漁節が響き渡り、のれんをくぐると板さんの威勢のよいかけ声。店の壁には一面の大漁旗が飾られ、いやが応にもテンションが上がる。10席ほどあるカウンターには寿司を握ってもらっているカップル、小上がりには家族連れ、テーブル席には老夫婦…。幅広い客層が思い思いにこの空間を楽しんでいる印象だ。

さて板前料理と銘打つ店の自慢は「海鮮」。寿司、刺身、フライ、天ぷらと、新鮮魚介がバリエーション豊かな料理となって登場する。中でも人気の「握り寿司」は、並1850円、上2250円、特2800円で、にぎりの数が9、11、13

板前料理 なな輝(き)

住沼津市千本港町109
T055・961・0077
営 11:00～15:00 (LO14:30)、17:00～22:00 (LO21:30)　休水曜夜
P7台 (ほか、ダイノブセンター駐車場1時間無料券あり)
HPhttp://nanaki.jp

「金目の煮付」単品1500円。脂がのった地キンメを身崩れしないよう丁寧に煮た一品

貫と増えていくスタイル。季節や仕入れによって多少内容が異なることもあるが、この日はアジ、キンメの炙りといった伊豆らしいネタと、マグロの赤身やサーモン、イクラといった定番ネタがバランスよく並んだ。

また、人気の「鯖押し寿司」はお土産にピッタリの一品で、厚く切ったメサバがオリジナルブレンドの寿司飯によくなじみ、まさにクセになる味。ファンが多いため事前予約が確実だ。さらに鍋好きにとっておき情報。自宅で店の味が楽しめる「つみれ鍋セット」や脂がのった地キンメを使った「金目鯛しゃぶしゃぶセット」、10～3月限定の「とら河豚(ふぐ)しゃぶしゃぶセット」の通信販売もしているので問い合わせを。

上：「握り寿司（上）」2250円。全11貫。茶碗蒸し、味噌汁付き
右：「刺身定食（上）」1650円。赤身、地魚中心の7点盛り。小付け、茶碗蒸し、漬物、味噌汁付き

親方・鈴木洋和さん

「天丼」1200円。エビ、イカ、かき揚げ、野菜2種類と海苔の盛り合わせ

肉厚のサバの身は生の食感を残しつつ絶妙な味に締めた仕上がり。買いたい場合は事前に予約しておくのがベター。

おすすめ

- 鯵づくし定食　1350円
- 小丼ぶりセット　1450円～
- 鮪漬け丼　1350円
- ミックスフライ定食　1400円

さすが庶民派。朝は1貫110円から。地物、地魚も見逃せない。

沼津港の有名店「双葉寿司」の支店として開店し30年余り。早朝の営業は魚市場で働く人のために格安の1貫110円で寿司を提供。昼は寿司のほか、1000円を切る定食もサラリーマンや学生などに人気だ。男子大学生が仲間同士連れ立って気軽に寿司をつまむ。こんな光景が見られるのも、この店だからこそ。また明朗会計、良心的な価格設定も評判の理由の一つ。港に近く、直接の競り権を持ち、仕入れは毎日行うが余剰が出るほど多く買わないなど、30年の間に培われた独自の仕入れテクニックがある。寿司の決め手は「シャリ7、ネタ3」と言われるほど米の質も問われる。ここでは新潟県関川村の契約農家が作る「せせらぎ米」を使う。寿司に合うのはもちろん、冷めてもおいしく、食べ応えのある米だ。「定食のご飯はおかわり自由なんですよ。先代の遺言なので、やめられないの」と女将が笑う。「おいしいのは当たり前。心を込めた接客と、多少値が張ってもお客様が納得してくれるような商品を提供したい。気持ちよく食べてまた来てもらえるようにね」。女将が会釈をした目線の先には背筋のシャンとしたオシャレな老齢の夫婦がいた。「ここのお寿司はこの辺りで一番よ!」と夫婦は顔をほころばせる。80歳を超えるという2人は自宅から片道30分の距離を徒歩で来店するのだとか。常連客は足取りも軽く満面の笑顔で店を後にしていった。

食処 たか嶋

住 沼津市千本港町115-3　T 055・951・5105
営 6:30～9:00、11:30～14:00、16:30～20:00　休 火曜　P 4台ほか（ぬまづみなとパーキング1時間無料券あり）

左：良質なネタを使った「上寿司」1575円。バラで注文すると合計2000円以上になる

「地魚の入ったおまかせ寿司（汁付き）」2000円。その日お薦めの旬のネタを使ったセット

左：「地域のおすすめ」は1貫から注文できる。写真左から、川奈産「金目」630円。生から煮た「トコブシ」525円。一番人気の「すきみ巻き」630円
下：尻尾までピンと張ったエビ天が入った「たか嶋定食」997円（ランチ限定）。ご飯はおかわり自由

おすすめ

- 上大寿司　2205円
- 天ぷら盛り合わせ（1人前）　1575円
- 刺身定食（ランチ限定）　913円
- 天丼（ランチ限定）　913円

市場の2階。楽しくておいしい！エンターテイメント!?回転寿司

沼津魚市場ＩＮＯの２階にある回転寿司店。場所柄もあってか、昼時は行列必至。小さな子ども連れの親子から年配客まで、実に幅広い年齢の客層が来店する。

「不定期だけど、生のマグロが入ると、カウンター内のステージでマグロの解体をお見せしています。そのほかの魚も目の前でさばいたり、玉子焼きは真ん中の一段高いブースで焼いています」と話すのは店長の石川紀夫さん。大きなアクション、威勢のいいかけ声とともに繰り広げられるショーアップされた「見せる調理」は迫力満点だ。

しかしこの店の人気の秘密はパフォーマンスだけではない。

すし廻鮮 うお亭

住沼津市千本港町128-3
沼津魚市場INO2F
T055・954・1788
営11：00～21：30
休不定休　P50台（共有）

下：「近海セット」525円。ネタは毎日変わる。写真はマグロ、タチウオ、サワラ、メダイ
右下：「駿河セット」525円。生シラス、アジ、桜エビの駿河湾の幸〝御三家〟が一皿に

駿河湾の地物から全国の旬の素材まで、選び抜かれた新鮮なネタを使っている。天然物と養殖物を1貫ずつセットにした「中トロ食べくらべ」などの「食べくらべ」シリーズは、魚問屋直営の店だからこそできるユニークなメニューだ。また、より新鮮な旬の魚介類を多くの人に味わってほしいと、日々工夫を重ねる。「その日の仕入れによって、価格に変動があります。高くなることもあるけど、反対に新鮮なものを安く提供できる利点も。それを利用して、売り切れご免のタイムサービスもやっています」。

窓の外には港の景色。夜はデッキからライトアップされた「びゅうお」も見える。窓際のテーブル席の人気が高いそうだ。

人気の天ぷら
「メギス天」420円

左：生桜エビなどがのる「一口駿河丼」525円（上）と、「一口まぐろ丼」360円。一口…と言っても侮るなかれ、ネタの鮮度とボリュームに驚き！
下：「桜エビかき揚げ」525円

おすすめ

- いか味くらべ　315円
- 中トロ食べくらべ　630円
- 貝食べくらべ　630円
- メヒカリ唐揚げ（9～5月中旬）420円

市場関係者御用達だから6時開店。丼を豪快にかき込もう！

沼津魚市場街にある、人気店が軒を連ねるダイレイビルの真ん中にその店はある。

開店は朝6時。魚河岸で働く人が腹ごしらえをしたり、コーヒーを片手に新聞を読んでいたり、これから伊豆に向かう様子の観光客が、旅の予定を話しながら丼をかき込んでいたり…。思い思いに過ごす客それぞれが、この店になじんでいる。

幅広い利用客に対応するためか、丼物をメインとした定食などのご飯物から、コーヒーなどの喫茶まで、かなり充実したメニュー構成だ。地元客にも観光客にも貴重なスポットとなっているのだろう。

入り口を入るとすぐ左、壁一面に飾られた写真入りの丼メニューが目に飛び込んでくる。料理がイメージできるから、注文が決めやすい。ここなら、定番のマグロやネギトロ、駿河湾名物の桜エビや生シラスなどさまざまなネタが好きなだけ食べられそうだ。

中でも一番人気は「海鮮丼」。厚めに切られたマグロの赤身が5、6切れ。ウニ、カニ、イクラ、ネギトロが彩りよく盛られ、レモンが2切れ挟まった分厚いホタテと豪華6点の盛り合わせ。素材が新鮮でなおかつ、このボリュームを提供できるのは、魚市場街という立地だからこそだ。

食事処・海鮮料理 ふみ野

住沼津市千本港町109　T055・952・3923
営6：00～16：30LO※ネタがなくなり次第終了　休火曜（祝日営業、翌日休み）
Pなし（近隣に駐車場あり）

丼のご飯は基本的に酢飯だが、温かい白飯への変更も可能だ。好みを伝えよう。

「海鮮丼」1890円。マグロ、ホタテ、ウニ、カニ、イクラ、ネギトロなどボリューム満点

おすすめ

- イクラ丼　1380円
- まぐろ丼　980円
- ねぎとろ丼　980円
- 生桜えびと釜あげしらす丼　1480円

【おみやげ】
「ひもの革命 まるごとくん」1500円

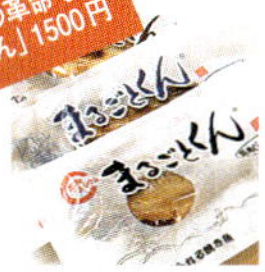

真アジ、サンマ、カマス、エボダイの4枚セット。その名の通り、骨まで食べられる画期的な干物。

上：「ふみ野丼」1480円。静岡ならではの釜揚げシラス、桜エビがたっぷり
右：「いくらと釜あげしらす丼」1380円。丼一面を覆い尽くす釜揚げシラスにイクラもたっぷり

市場へGo!

あじや
干物とご飯で、日本の朝食

生産量日本一を誇る「沼津ひもの」のおいしさを伝えるアンテナショップ。「ひもの定食」(700円～)は、肉厚で脂がのった干物と会津産コシヒカリ、伊豆味噌の味噌汁という、シンプルかつこだわりの組み合わせ。日替わりの特別メニューやサービス品も要チェック。

〈みなと新鮮館〉T055・964・1400
営9:00～16:00
HPhttp://nu-ajiya.hp.infoseek.co.jp/

「真アジの干物」450円

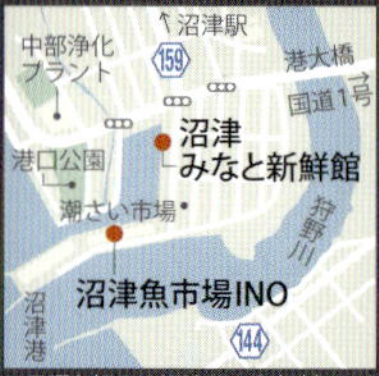

※日曜と祝日は沼津駅から無料シャトルバスあり

〈INO〉住沼津市千本港町128-3
T055・962・3700(沼津魚市場)
営見学者通路5:00～16:00、展望デッキ・魚食館5:00～21:30
休無休 P50台
HPhttp://www.numaichi.co.jp/ino.html
〈みなと新鮮館〉住沼津市千本港町128-1
T055・941・7001 営6:00～22:00
休第2・4火曜(祝日営業) P約50台
HPhttp://www.nu-mshinsenkan.com

競りを覗いて、食べて、買ってお魚三昧。
沼津魚市場INO(イーノ)& 沼津 みなと新鮮館

魚市場街に2つの魚三昧スポットがあるとは、さすが沼津。その1つ「INO」は1階が見学可能な魚市場で2階にはレストランも。もう1つの「沼津 みなと新鮮館」は2009年にオープン。食事処、土産処が13店舗入っていて、広いウッドデッキからは絶景・富士山の姿も拝める。ちょっと早起きして競りを見て、潮風に吹かれながら市場街を散策し、2つのスポットでグルメ&ショッピング。お薦めコースだ。

魚問屋 沼津 丸十
鮮魚1本買いから干物まで

競り権を持つ太彦水産の直営店。魚は刺身用、煮付け用にと要望に応じておろしてくれるので、1本買いでも大丈夫。料理法も遠慮なく聞いてみよう。沼津港でとれる「サバの醤油干し(2枚)」600円もお薦めだ。

〈みなと新鮮館〉T055・954・2055
営9:30～16:00
HPhttp://www10.plala.or.jp/Marujyu/

「真アジ(5枚)」600円(右上)「チリ銀さけ(4切)」600円は、かなりお得だ(左上)店長の太田友弘さん(左)

「駿河湾定食」980円。1日30食限定

沼津魚市場食堂
競り直送だから鮮度はピカイチ

魚市場の社員食堂を兼ねた食堂。窓の外に広がる駿河湾を見ながら港ならではの料理を堪能できる。由比産桜エビの風味豊かな「桜海老コロッケ」はお土産にも人気。定食はご飯のおかわりもOKだ。

〈INO〉T055・954・3704
営7:00～19:30(19:00LO)
休火曜(祝日営業)
HPhttp://www7b.biglobene.jp/~numadu/

窓から見える絶景もごちそう

「桜海老コロッケ」1個230円

競り見学
見なきゃ損する!? ライブはアツイ

夜もまだ明けぬうちから水揚げされた魚が所狭しと並ぶ卸売場。5時45分、競りが始まると同時にあちこちで威勢のいい声が響き渡る。見学は2階の見学者通路からできるが7時半頃には終了してしまう。

〈INO〉T055・962・3700(沼津魚市場)
営見学者通路5:00～16:00、競りは5:45～ 休土曜、ほかに月2日(不定休)

見ているだけでワクワクの競り

丸勘
駿河湾の幸を その場で唐揚げ!

駿河湾の新鮮な素材を目の前で唐揚げにしてくれる。カウンターには新鮮な小魚やエビ、アジ蒲鉾など7種類が並び、店内でお土産を物色している間に揚げてくれる。プリッと身が締まったエビ、ふわっとした食感のメヒカリは沼津ブランド認定品。ぜひお試しを。

〈みなと新鮮館〉T055・941・8770
営8：00〜16：00※日曜、祝日〜17：00

「駿河湾産唐揚げ本えび」M300円、L500円。「駿河湾産唐揚げめひかり」300円（上）「瀬付アジ」4枚入500円（右）

「しそ鉄火みそ」、「いかあられ」、「焼あじ」3品で1000円

かきた
ご飯に、酒のお供に、佃煮珍味

ズラリと並んだ佃煮や珍味。干物（500円）以外は全商品どれも3品で1000円という分かりやすさが売り。昔懐かしい甘辛い佃煮や、酒のつまみなど、男女を問わず喜ばれる品ぞろえでお土産にもピッタリだ。

〈みなと新鮮館〉T055・951・3481
営9：00〜16：00

「ミナミマグロ」200円

「イワシ」200円

廻る寿司 武田丸
ここに来たらマグロと カニ汁は外せない!

無料のカニ汁

カニ汁無料、しかもおかわり自由というから驚き！それを目当てに行列ができる店だ。もちろん寿司ネタにも自信ありで、マグロはミナミマグロか本マグロのみ。肉厚のネタをほお張れば思わず「うまい！」。なのに、この値段は絶対お得だ。

〈みなと新鮮館〉T055・941・6611
営10：30〜16：00
HP http://www.takedamaru.com/

まぐろの 魚栄
ミナミマグロならココ! テイクアウト丼も大人気

自慢は天然ミナミマグロ。養殖は絶対NGというのが社長のこだわりで、持ち帰り用の丼4種類はすべてミナミマグロを使用。人気は「ネギトロ丼」500円。そのほか「トロスキミ」や「カマトロ」各1000円〜などは見つけたら即買いをお薦めしたい。

〈みなと新鮮館〉T055・962・2277
営9：00〜18：00※平日は〜17：00

「海鮮丼」700円

「鉄火丼」500円（上）
「ネギトロ丼」500円（左）

潮風を受けつつほお張るかき揚げは カリッ！と桜エビの香ばしさ満点

浜のかきあげや

目指す由比漁港は国1バイパスのすぐ脇にあった。ドライブがてらに立ち寄るのにちょうどいい。JR由比駅からも徒歩10～15分ほどだから、旧東海道の雰囲気を楽しみつつ歩くのもいいだろう。小さな港には漁船がぎっしり係留されていて、海鳥がゆったりと空を舞う。この情緒豊かな港内にあり、日本一の水揚げを誇る由比名物・桜エビのかき揚げを手軽に食べられると人気を呼んでいるのが、由比漁協が運営する「浜のかきあげや」だ。

メニューは看板のかき揚げのほか、豆腐やネギを桜エビと一緒に煮込んだ漁師料理「沖あがり」、釜揚げした桜エビとシラスの紅白が美しい「由比どんぶり」、「桜えびのみそ汁」など、まさに桜エビづくし。それでいて丼やそばは一杯650円という手頃な価格がうれしい。

桜エビは春漁（3月末～6月上旬）と秋漁（10月末～12月末）の年2回の漁期があり、この時期で前夜に漁があった日は、朝競り落とされたばかりの新鮮な桜エビを使うという。漁の期間中は観光客も多く混み合うが、旬の甘みと香りを楽しみに、ぜひ出掛けてほしい。

店舗横に設けられたテラス席は海から吹いてくる風が心地よく、のどかな港の風景もごちそうのひとつ。食べ終えたら、腹ごなしの散策がてら港の東端にある漁協直売所にも足を延ばしてみよう。桜エビ、シラスなどお土産が豊富にそろう。

住静岡市清水区由比今宿字浜1068-2
T054・376・0001
営10：00～15：00
休月曜、祝日の翌日※桜エビ休漁期間中は金・土・日曜のみ営業　P50台

上：釜揚げの桜エビ＆シラスに特製タレをかけた「由比どんぶり」650円
下：すきやき風に煮込んだ漁師料理の「沖あがり」250円

「かきあげ」250円は5枚まで持ち帰りOK

おすすめ

- かきあげ丼　650円
- 桜えびのみそ汁　100円

「冷凍生桜エビ」(200g) 1100円が不動の一番人気だが、漁協スタッフのお薦めは「桜えび佃煮」。ご飯のお供に。

清水港にユニークな居酒屋が誕生
市場直送ゆえの安さが人気の秘密

「河岸の市」に新しい居酒屋ができたと聞いて、早速出掛けてみた。木製のトロ箱を張り付けた階段をワクワクしながら上がって2階へ。裸電球に照らされた店内はトロ箱や大漁旗、手書きのメニューでにぎやかに飾り付けられ、簡素な木のテーブルに清酒の通い箱を利用した椅子が市場気分を盛り上げる。窓際には座敷席もあり、昼は港の風景を、夜は波間に揺れる港の灯りを眺めながらくつろげるのがいい。

　ここへ来たらぜひ頼みたいのが、活き貝の貝焼きだ。「新鮮そのものだからホタテなどは身の両面を焼いて、中は半生くらいがちょうどいいですよ」と、オーナーの吉原淑貴さん。焼きたての貝は甘みがあって、貝が含む海水で塩加減も程よい感じ。各席にコンロが置いてあり、自分で焼きながら食べる趣向が喜ばれているという。

　清水といえばマグロも外せない。マグロの刺身やネギトロは1階の食堂にもあるからと、あえて希少部位で勝負。滅多にお目にかかれない巨大かぶと焼きや頭肉、ほほ肉など一度は試してみたいメニューが並ぶ。

　人気の「ぶっかけこぼれ寿司」は、スタッフがうっかりネタをあふれさせてしまったことから生まれたメニューで、その名の通り、ネタがてんこ盛り。原価率は驚くほど高いが、「とにかくお客さまに喜んでもらえれば」と吉原さん。魚市場から直接仕入れるメリットを最大限に生かした安さと新鮮さに、口コミで評判が広がっている。

清水まぐろと貝焼
馬鹿貝（ばかがい）

住 静岡市清水区島崎町149 河岸の市2F
T 054・355・5252　営 11：00～15：00、17：00～24：00　休 無休　P 200台（河岸の市駐車場）食事をすると2時間30分無料

「活大はまぐり焼き」399円、「活特大カキ焼き」399円、「活さざえ大壷焼き」699円、「活帆立貝焼き（2個）」599円

おすすめ

- 生するめいか肝焼き　599円
- 金目鯛みそ焼き　499円
- 希少！頭肉あぶり　399円
- 鮪あご一本焼き　399円

上：かぶりつくほど大きい「でか海老フライ」時価
左：ド迫力の「巨大！かぶと焼き」1499円
下：ネタがあふれる「全部ぶっかけこぼれ寿司」1799円

ぶ厚い刺身はさすが仲卸人の直営店
赤身まで脂がのったマグロに感動！

開店前だというのに「おがわ」の前にはすでに人がちらほら。週末の昼時ともなれば隣の店まで届きそうなほど長い行列ができる。

「定食も丼も作る時間は1分。店の外で長いこと待たせて申し訳ないから、店内に入ったら待たせないよ」と店主の小川弘太郎さん。話している間にもマグロのブロックを手際良く切り分け、あっという間に大ぶりの刺身が皿に並ぶ。ネギトロのオーダーが入ると、すきみと青ネギを合わせて勢いよく叩く、豪快な包丁さばきにしばし見惚れる。

小川さんは魚の仲卸に携わって60年の大ベテラン。中で

魚貝食事処 おがわ

住 静岡市清水区島崎町149 河岸の市内
T 054・352・0202
営 11：00～16：00LO※土・日曜、祝日～17：00LO
休 水曜 P 200台（河岸の市駐車場）食事をすると2時間30分無料

マグロ（トロ・鉄火）のほかにイクラ、甘エビ、イカがのって一番人気の「海鮮次郎長丼」1500円

も清水港が日本一の輸入量を誇るマグロの目利きには定評があり、旬のメバチマグロを見極めて仕入れているという。一年中あるマグロに旬？と尋ねると…。「マグロは世界中で獲れる魚だけど、水温が低くてエサが豊富な海にいるマグロは皮下脂肪をたっぷり蓄えて、赤身にまで脂がのってる。時期もののメバチは本マグロにも負けない、いい味なんだ。うちはその時期に旬のメバチを選んで使っているからね、みんな『おいしかった』って言って帰ってくれるよ」と教えてくれた。

仲卸人が経営する店だけあって、コストパフォーマンスの良さは抜群。ぶ厚い刺身、これでもかというボリュームに圧倒されるはず。行列が苦手な人は、午後遅めに、お腹を空かせて行くのがお勧めだ。

右：「ネギトロ丼」800円
下：「ウニイクラ丼」1500円

おすすめ

- しみずみなと刺身定食　2000円
- 刺身定食　1000円
- イクライカ丼　1200円
- トロ鉄火丼　1000円

この安さでこのボリュームに驚き「ネギトロ定食」800円

店主・小川弘太郎さん

上から「バチマグロのホホ肉」、「本マグロのカマ」、「本マグロの頭肉トロ刺身」

まぐろや **丸兼水産**

マグロ専門店だからできる食べ比べ

マグロの専門店ならではのレアな部位を発見！プロいわく、カマは塩焼きがお薦めでホホ肉はフライ、ステーキ、頭肉は刺身で食べるのがおいしいとか。ほかに、常時あるとは限らないが、心臓は塩焼き、目玉は煮付けがいいらしい。

Ⓣ054・353・1761 營10:00～18:00
ⒽⓅhttp://www7a.biglobe.ne.jp/~marukane-tunanet/

市場へGo!

住静岡市清水区島崎町149
Ⓣ054・355・3575
營10:00～18:00 休水曜 Ⓟ200台
ⒽⓅhttp://Kashinoichi.com

海に面した市場の隣！新鮮、うまいは当たり前

清水魚市場 河岸の市 かしのいち

清水魚市場のすぐ隣。地元の仲卸さんたちが集まって一般客に直接販売をしている市場で、20軒ほどの鮮魚店、海産物店、食堂が軒を並べる。魚のプロが目利きしているうえに、この立地！新鮮&うまいは当たり前。観光客にも人気を呼んでいて、土日の昼時は行列も。清水名物マグロもいいけれど、シラスや桜エビ、アジやタチの干物も…。ウ～ン迷っちゃう！

みやもと

「あなご天丼」VS「海鮮丼」人気丼の勝敗は？

特大アナゴ丸ごと1本と野菜の天ぷらがのった「あなご天丼」。片や、中トロマグロ、ヒラメ、メダイ、生ウニ、イクラ、ボタンエビなど11種のネタがのった「海鮮丼」。これぞ、甲乙つけがたい店の2大人気メニュー。あなたならどちらを選ぶ？

Ⓣ054・351・9141
營10:00～18:00 (LO17:00)
ⒽⓅhttp://www.kasinoichi.com/miyamoto

天ぷら、さつま揚げ、寿司などの総菜やマグロなども販売している

厳選11種のネタがのった「海鮮丼」1500円

「あなご天丼」800円。本日の野菜はレンコン、サツマイモ、大葉

海里（かいり）

自家ゆでが自慢！毛ガニに感動

ボイルした冷凍カニはどこでも見かけるが、ゆでたてカニにはなかなかお目にかかれない。なにしろ目にした毛ガニからは湯気がモコモコ！ゆでたてが欲しい場合は事前予約しておけば対応してくれるとのこと。ほかにエビ、貝、マグロも扱っている。

Ⓣ054・355・3615 營10:00～18:00

のっけ家（や）

とろける！限定20食「まぐろ頭肉丼」

「頭肉」と聞くと、ちょっと敬遠しがちだが、一食の価値大の丼だ。脂度はいわゆる大トロよりややあっさり。口に入れればとろけてしまうほど。味は濃厚で、それゆえに酢飯との相性はバツグン。「ねぎとろ温泉玉子丼」と並ぶ店の人気メニューだ。

T 054・355・5077 営 10：00～17：30LO
HP http://www.nokkeya.com

「まぐろ頭肉丼」1400円。本マグロ使用（下）

「ねぎとろ温泉玉子丼」800円。甘めの専用醤油で食べる（上）

水産加工卸会社直営のマグロ・海鮮丼専門店

清水三保沖の「釜あげしらす」200g480円（上）
鳥羽産「殻付きかき」レモン付きで200円（左）

味は店主・松江明さんが太鼓判

マルイチ

「立ち食いできます」。殻付きカキ

そんな魅惑の言葉に誘われて、鳥羽産の殻付きカキを思わず立ち食い。大ぶりのそれは味も濃厚で、口の中はまさに海のミルクでいっぱい。10～2月は冬ガキ、5～9月は夏の岩ガキが立ち食いできるとのこと。夏ガキは特に味が濃厚らしい。

T 054・355・5566 営 10：00～18：00

カネイ水産

謎の黒い物体の正体は「いるかのタレ」

イルカのタレとはイルカを塩干ししたもので、軽く炙ってマヨネーズで食べるのが定番とか。酒のアテにピッタリと聞けば買わない手はない。さらに店頭にはシラス、チリメン、煮干しが並び、試食OK！自分好みを探してお土産にしたい。

T 054・351・8510 営 10：00～18：00
HP http://www.kanei-suisan.co.jp

自家製「いるかタレ」100g400円（右）
シラスやチリメンは清水、用宗から茨城、愛知、徳島産とさまざま（下）

人気のノルウェー産甘塩シャケ（サーモントラウト）1切250円

魚久（うおきゅう）

太陽と潮風の天日干し！特大真アジ発見

河岸の市のちょうど裏、海に面した道路に並ぶ干物たち。中でも目を引いたのはノルウェー産の特大「真アジの干物」（1枚210円）。いかにも脂がのっていそうで、食べ応えもかなりありそうだ。もちろん、この干物は店頭で販売されていて、ほかに鮮魚も扱っている。

T 054・353・6866 営 10：00～18：00

ノルウェー産特大真アジ干物製造中

人気メニューの「上にぎり」1800円

7種類の刺身が盛られた「上刺身定食」1300円

カウンターに座れば、吉野忠嗣店長が目の前で寿司を握ってくれる

まぐろや やす兵衛

行列のできるマグロ自慢の店でにぎり寿司

マグロ仲卸の直営店というだけあって、昼時ともなればマグロ目当ての客が列をつくる人気店。目の前で寿司を握ってくれるのも魅力だ。まずは中トロ、マダイ、カニ、イクラ、ウニ、生エビなど10貫と小鉢、味噌汁の付く「上にぎり」を。

T 054・355・5152
営 11：00～17：30LO

味わえるかどうかは天気次第
超安くて新鮮、港直結「生しらす丼」

どんぶりハウス

「B級グルメとしてテレビで取り上げられるのはうれしいけど、用宗のシラスはB級じゃないですよ」と清水漁協用宗支所直営「どんぶりハウス」の店長・用宗支所職員の杉村逸平さん。確かに「その地方ならでは」だからといって「B級」に決め付けるのはおかしい。現地で食べる関サバ丼?!をB級と呼ぶだろうか。大間のマグロのように、用宗のシラスは全国ブランドなのだ。

だが、生シラスは獲れたその日の夕方でも、冷蔵していても苦味が出てしまうデリケートなもの。水揚げ直後の本当のおいしさが知られていない。そこで08年に用宗漁協が直営で

住静岡市駿河区用宗2-18-1
T054・259・2111（漁協）
054・256・6077（直売店）
営11：00～14：00※直売所は9：00～17：00
休禁漁期は木曜、それ以外の時期は雨天休業
P朝方以外ならかなり可能

味噌汁も付いて、このボリュームの「とれたて生しらす丼」600円

開店したのが「どんぶりハウス」だ。ただ「生」メニューは漁のある日だけ。禁漁期でなくても天候と海の状態がよい日にしか漁はない。水揚げしたて、目と鼻の先の魚市場で、競り落とされたばかりの新鮮極まりないシラスが店に運ばれ丼となる。漁があるかどうかは朝電話で確認を。自慢はこの鮮度だけではない。居酒屋ではほんのちょっとで500円なのに、ご飯にどっさりのって600円。「釜揚げしらす丼」も3センチくらいの厚さでどんぶり一面に敷き詰められて500円。半端じゃない。「用宗のシラスを食べてほしい」という漁師さんたちの熱い想いがカタチになっている。すぐ近くにある組合直売所ではシラス商品も販売している。

右：シラスたっぷり「釜揚げしらす丼」500円
下：マグロの漬物？と勘違いする人もあるとか。「まぐろ漬丼」500円

おすすめ

- まぐろすきみ丼　500円
- ネギトロ丼　500円
- マグロの漬としらすの用宗丼　800円

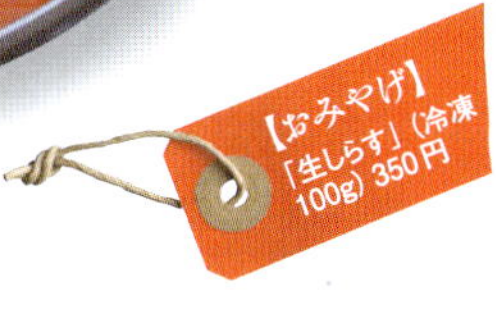

【おみやげ】
「生しらす」（冷凍100g）350円

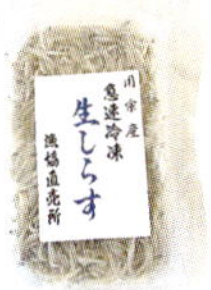

漁があったらもちろん生も。ほかに、「しらす佃煮」（90g）350円や「生桜エビ」（冷凍100g）700円もある。

中：「水揚げされたばかりの生シラスを食べに来てください」と話す杉村逸平店長
右：歩いて1分のところに漁協直売所。お土産はこちらで

倉沢のアジ

不精なのか、気に入ったからなのか？
由比沖に住み着いている静岡県民のアジなんです。

広い海を泳ぎ回って一生を過ごす魚のことを回遊魚と呼ぶ。私たちに馴染みの深いアジ、イワシ、サバ、サンマ、カツオ、サケなどはみな回遊魚である。季節ごとに戻って来るから、「今年も何々が○○沖にやってきた」なんて表現が成り立つ。ところが、回遊魚だからといって、すべて回遊するとは決まっていないらしい。例えばサバでいえば関サバ。これは豊後水道あたりでもっぱら暮らし回遊をしないサバである。こういう変わりものを「根付き」と呼ぶ。

由比の海の根付きが倉沢アジ。静岡県民のアジである。沖合いの定置網にかかったアジは、おいしい由比特産・桜エビを食べているためか、回遊という運動をさぼっているからか、体に栄養が回り普通のアジと比べて大きく、厚みもあっておいしい。味が良いからアジというそうだが、倉沢アジを食べると納得せざるを得ない。魚ヘンに参ったと書いて鯵だが、この味には誰もが降参するだろう。根付きになったというのは、人間と同様、あまりに気候が良く食べ物がうまいので静岡が気に入ってそのまま住み着いてしまったのだろうか。特に刺身や寿司で、生で食べるのがおいしい。ちなみに倉沢は地名、由比と興津、東海道の2つの宿場に挟まれ、間（あい）の宿として発達した集落だ。山で果物を育てながら、季節には桜エビ漁船に乗っている人もいる。ちなみに倉沢の名を冠したものとしてはビワも有名だ。

用宗のシラス

「速達」専用の船を配して漁をするから、鮮度抜群。市場の高い評価もだからこそ。

これがあれば何杯でもご飯が食べられるというご飯の供がある。シラスはそのひとつ。生をはじめ、塩水でゆでた後の処理によって、釜揚げシラス、干せばシラス干し、さらに乾燥させるとチリメンと呼ばれ、いずれも絶妙のご飯の供である。いろいろな魚の稚魚がシラスと呼ばれるが、駿河湾のシラスの親は、カタクチイワシやマイワシ。人様だけでなく、駿河湾のさまざまな魚のエサにもなっている。

平成19年のシラスの全国漁獲量は65万315トン、生産額286億2700万円。そのうち、静岡県の漁獲量は8806トン、生産額は50億1100万円でともに全国第1位だ。静岡のシラスの評価は高く、漁獲量あたりの生産額も平均より1トン10万円も高い。1グラムに満たない小粒だが静岡県漁業を代表する魚種である。

静岡産の中でも「用宗のシラス」は全国的に通用するブランド。その理由はとびきりの鮮度の良さにあると漁協は説明する。1隻か2隻で網を曳くのが駿河湾での普通の漁法。しかし用宗ではさらに1隻を輸送専用で配備し、2隻が網を曳き、捕れたらもう1隻が港に運ぶ。港に水揚げされ次々と競りにかけられたシラスは、時を移さず漁協で加工される。港に行けばその新鮮さが堪能できる。生はもちろん、釜揚げシラスもゆでたてが味わえる。

ところでシラスについては大きな謎がある。シラスの中にエビやタコを見つけると楽しい気分になるのは、なぜ?

魚市場の仲買人だからできる、とびっきりの鮮度と価格！

鮮魚が集まる焼津さかなセンターの場外「さかなセンターサービス塔」にある食事処。実は、市場の中の鮮魚店「マルマン鷲野商店」が経営している。創業90年、現在5代目の主人・鷲野恵一さんが「焼津に来た人に、もっとおいしく安く魚を食べてもらいたい」と6年前に開店した。

「毎日魚市場に出掛けているから、本当に安くて良いモノが手に入るんだよ」と鷲野さん。仲買人だからこそ、誰よりも早く安く、おいしい魚を店で提供できるというわけだ。

例えば「煮魚定食」。その日のお薦めの魚から好きなものを選んで定食にしてくれるの

地魚 まるまん

住焼津市八楠4-13-7
T054・628・0066
営 11：00〜15：00※土・日曜、祝日10：00〜
休 水曜、第2火曜（ともに祝日営業、翌日休み）
P 100台以上（焼津さかなセンター駐車場）

「キンメダイの煮魚定食（お刺身付き）」1800円。他の煮魚なら1300円。煮・焼魚とも好きな魚を選んで単品500円から注文OK！

だが、運ばれてきたキンメの大きさに思わずビックリ！さらに一緒に付いてくるお刺身の盛り合わせも、一皿で十分満足できそうなほどの量と種類だ。

「昔からミナミマグロといえば焼津が日本一」との言葉通り、赤身・中トロ・大トロの三役が存分に味わえる「南マグロ三色丼」をはじめ、マグロのおいしさとそのリーズナブルさも、遠方から来た人はもちろん、地元の人にも定評がある。

営業時間は昼のみ。海鮮丼が800円～、にぎり寿司も1000円～2500円までとランチのサラリーマンにも、豪華主義の観光客にも、どちらにもしっかり対応できるメニュー構成ゆえ、待たずに空席に座れることは少ないが、席のみの予約は受け付けていないのでご注意を。

店主・鷲野恵一さん

おすすめ

- まるまん特撰海鮮丼　800円
- まるまん定食（1日限定10食）　2000円
- 刺身定食　800円（「上」は1800円）
- まぐろたっぷり海鮮丼（中トロ）　1500円

下：「南マグロ三色丼」1600円と1日10食限定「南マグロ大トロ丼」2000円（奥）。いずれも味噌汁、桜エビのかき揚げ、一品、漬物付き

上：中トロ・大トロまでばっちり入った「スペシャル海鮮丼」2500円。味噌汁、桜エビのかき揚げ、一品、漬物付き

右上：「にぎり寿司特上」2500円 味噌汁、桜エビのかき揚げ、一品、漬物付き

右下：これが1人前？と誰もが驚く「刺身定食特上」2500円

焼津中港の老舗食堂、地元リピーター推薦の味とボリューム

店構えは昭和レトロ。店内のカウンター、テーブル、座敷、至るところに手書きのメニューが貼ってあり、気取らず入れる老舗の港食堂といった雰囲気にあふれている。

もとは50～60年以上前に、船員向けの雑貨などを扱う「よろづや」兼立ち飲み酒屋として営業。現在は2代目の長谷川高行さんと3代目の結一さん、ほかにも板前さん2人が調理を担当。カウンターには寿司ネタケースもあり、きっちり料理された魚料理の数々がそろう。元気のいい地元のパートさんたちの接客も家庭的で、港町人情を肌で感じられる食堂として親しまれている。

店を訪ねたのは平日の昼。正午を回ると次々と客が訪れ、駐車場はすぐに満車になってしまった。作業着を着た港の関係者や近所のおばちゃんグループ、背広を着たサラリーマンから、観光客風の家族連れまで、客層は幅広い。

メニューは、マグロ、タイ、トンボ、ホタテなど豊富なネタがのった「海鮮丼」や、好みの魚2種が選べる「刺身二点盛定食」といった港らしいものはもちろん、「とんぼハラ皮焼き定食」や「とんかつ定食」など、地元リピーターに応える品ぞろえも。なんといっても魚の鮮度とそのボリュームは、魚を良く知る焼津っ子のお墨付きだ。

食事処 かどや

住 焼津市中港3-4-31
T 054・628・3840
営 11:00～14:00、17:00～21:00（LO20:45）
休 月曜、第3日曜　P 12台

おすすめ

- ねぎとろ丼　950円
- 桜えびのかき揚丼　1150円
- とんぼハラ皮焼定食　1200円
- かきフライ定食（10～2月）　1300円

「金目煮つけ定食」1200円。繊細な盛り付けは、まるで料亭のよう。定食類は、ご飯おかわり自由のサービスも！

「海鮮丼」1500円。小鉢、味噌汁、漬物付き。ネタの種類が豊富で、もちろん鮮度よし！錦糸卵と海苔、ショウガの風味が一体となった上品な仕上がりもいい

右：サクッと揚がった「まぐろかつ定食」1000円。やわらかでジューシーな仕上がり。自家製ポン酢でさっぱりと
左：種類が選べる「刺身二点盛定食」1400円。マグロはトンボと赤身の両方を盛ってくれるのでお得

仲買人御用達だから、行列も必須。それでも食べたいカツオ&マグロ

魚市場の仲買人や港で働く人たち御用達の店と聞けば、その鮮度、品質はお墨付きも同様。さらに魚仲水産加工業協同組合の直営店だというのだから、これはもう行くしかない!食べるしかない!と言っても休日の混み様は尋常でなく、昼時の行列は必須。お薦めは午前11時までの入店だ。まずは食券販売機横の特大写真付き品書きからメニューを選択、食券を買い食堂カウンター受付へ差し出す。代わりに番号札をもらい、番号を呼ばれたら自分でカウンターまで取りに行く。このルールさえ押さえておけば、ほどなく極上海鮮にありつける。

　さて、人気メニューナンバー1は、なんといっても「海鮮丼」。焼津名物のカツオに、マグロ、すきみ、イカ、甘エビ、ホタテ、サーモン、イクラ、青海苔という豪華版だ。さらに最近人気急上昇中なのが天然「本まぐろ大トロ丼」。その脂ののったビジュアルは牛肉を思わせる美しい「サシ」が入っていて、見るからに艶やか、口に入れればトロリととろける幸せ。大きな切り身が9枚ものっているのだから人気も納得だ。店長お薦めの「まぐろ背肉旨煮定食」も、よそではちょっと出合えない、ぜひモノだ。

小川港魚河岸食堂（こがわこううおがし）

住 焼津市小川3392-9
T 054・624・6868
営 7：00～14：00(LO13：30)※土曜10：00～
休 無休　P 60台
HP http://www.yaizu-uonaka.or.jp

おすすめ

- かつお定食　650円
- 魚河岸定食　1000円
- まぐろ丼　800円
- 上天丼　1000円

とろける天然「本まぐろ大トロ丼」3000円。ご飯は白飯か酢飯か選べる。味噌汁、小鉢、漬物が付く

上：丼物人気番付で堂々 1位横綱の「海鮮丼」1000円。味噌汁、漬物が付く
上左：「まぐろの背肉旨煮定食」900円。本マグロ背肉は意外にやわらかで、コラーゲンもたっぷり。絶品だ

上：「黒はんぺんバター焼き定食」600円。ご飯、味噌汁、漬物、サラダが付く
右：厚さ3センチはある「桜えびかき揚げ丼」800円。味噌汁、漬物が付く
下：ド迫力の写真付きの品書き

「駿河定食」1500円。カツオ・マグロの刺身、黒はんぺん、桜エビのかき揚げ、釜揚げシラス、なると入り吸い物という豪華版だ

出来たて生利節が味わえる
水産加工品メーカー直営食堂

カネオト石橋商店は明治の終わり頃には、初代がすでに水産加工品を手掛けていたという百年以上の歴史を持つ焼津の老舗。2006年の4月、自社製品のカツオやマグロの生利節などをもっと食べてもらいたいと、大海原越しに富士山を眺める焼津オーシャンロード沿いの加工場の2階に「焼津浜食堂」を開店した。

生利節は、知ってはいてもなじみが少ない食材。カツオといえば、刺身やたたき、加工品はカツオ節や角煮が断然メジャーだ。しかし江戸っ子が初ガツオを刺身で味わい、次はゆでて食べたというのがルーツだという伝統&ヘルシー食材。味はオイル抜きのツナに似ているが、ずっとしっとりしている。この生利節、全国生産の7割が焼津産だという。サラダやオムレツなどはもちろん、衣をまぶしカツにしてもうまい。

浜食堂の人気メニュー「海鮮丼+まぐろ生姜焼セット」には、出来たてのマグロの生利節を使ったサラダと、これまたカネオト製品の甘辛い「鮪のしぐれ煮」の小鉢が付く。食後、お土産を買い求める人が多いのは、食べて納得してもらえた証拠。ちなみに地元の人の一番人気は、深いうま味と塩味が絶妙な「かつをの塩辛」。営業は3時間だけだが、アクアス焼津隣の「うみえーる」2階にある「焼津浜の食べ処」も同じ経営で、さらに気軽に地元の味を楽しめる(10時～17時・土日祝は～18時、火休)。

カネオト石橋商店
焼津浜食堂

住 焼津市城之腰91-5　T 054・628・2927
営 11:00～14:00※ネタがなくなり次第終了
休 火・土曜　P 7台
HP http://www.kaneoto.com

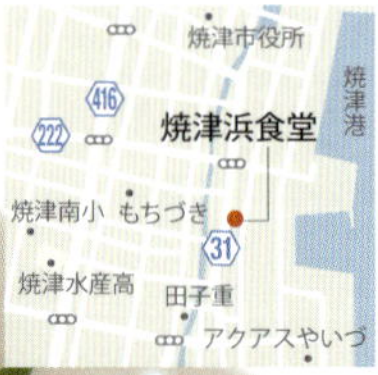

焼津ならではの味「へそ釜上げ味噌ダレ」350円

冷たい丼とあったかショウガ焼きでとても幸せになる「海鮮丼＋まぐろ生姜焼セット」1250円

黒はんぺん入り、味噌仕立て
「焼津おでん（７品）」500円

【おみやげ】
「生利節」雄節、雌節
各350円

「かつをの塩辛」500円、「へそ味噌煮」400円などもお薦め。カネオト製造の商品がいろいろそろう。

ヘルシーなマグロの「生利サラダ」450円

おすすめ

- まぐろ生姜焼き定食　900円
- ねぎとろ・いか丼セット　950円
- 鮪づけ丼＋まぐろ生姜焼きセット　1150円
- まぐろ鉄火丼セット　950円

朝イチでもおいしい魚定食あり。リーズナブルな丼が人気

焼津旧港の目の前、今にも泳ぎ出しそうな魚が描かれたのれんが目印。「与作鮨」という店名だが、寿司以外にも海鮮丼から焼津おでんまでそろう食事処として、地元客や観光客に親しまれている。

以前は市内の別の場所で20年以上営業を続けてきたが、3年ほど前に移転。旧焼津魚市場の象徴とも言える「かまぼこ屋根」が撤去され、周辺が過疎化してしまうことを憂いて、店主・杉山豊和さんが一大決心、移転を決めた。

「せっかく目の前に海が見えるところだから、誰も来なくなっちゃうのはもったいないと思って」。マグロ漁船に乗ってい

与作鮨（よさくずし）

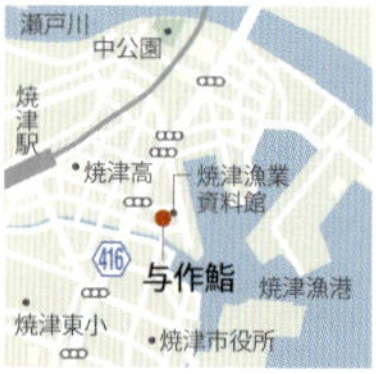

住 焼津市中港2-6-13（旧ツナコープ跡）
T 054・629・0873
営 7:30〜15:00（LO14:30）、17:00〜21:00（LO20:30）※日曜、祝日〜20:00（LO19:30）
休 火曜　P 15台

マグロの漬け・すきみ・イカの「三色丼」680円は一番人気の丼。酢飯の場合は+100円

たというキャリアをもつ杉山さんならではの地元愛が伝わってくる。

訪れた日はあいにくの雨だったが、晴れた日には旧港が一望できる立地。メニューを見ると、海鮮丼が何と680円！これは港周辺の食堂でもトップクラスのリーズナブルさだ。丼物は二色・三色・マグロの漬け・ネギトロ・釜揚げシラス・鰹たたきと6種類もあって、何を選ぶか迷ってしまう。小丼なら550円、大丼は890円とサイズ違いのオーダーができるのもうれしい。7時半から11時の限定、サバ味噌やカツオハラモ焼きなどが出る「朝定食」530円で港食堂気分を満喫するのもいい。ほかにも、シーフードカレーや選べるミックスフライなどバリエーション豊かに魚を味わうことができる。

右：「ふわふわ卵のシーフードカレー」1050円。生食できるホタテやブラックタイガー、カジキマグロなどのソテーがゴロゴロッと入って贅沢

下：大迫力の「南まぐろのかぶと煮定食」1000円（単品850円）

おすすめ

- ミックスフライ定食　1260円
- マグロステーキ定食　1260円
- 煮魚定食（金目）1260円
- 与作焼津おでん　1個80円

右：「地物にぎり」1680円。ミナミマグロの大トロが2貫も入ってこの値段。小川港で揚がった旬の白身魚が数種入る

下：店主・杉山豊和さん

市場へGo!

ミナミマグロ「大トロ」(1貫) 500円、「中トロ」(1貫) 300円

「三色丼」1000円

てっか丼 山もと

マグロ専門店の直営店で丼&寿司

マグロ専門小売店直営の食堂。当然ここではマグロが主役。ピントロ、バチ、本マグロとさまざまなマグロが味わえるが、お薦めはやっぱりミナミマグロ。ミナミマグロの大トロと中トロを1貫ずつ食べ比べるなんてこともできる。

Ⓣ054・628・8822
営9:00～17:00　休隔週水曜
HP http://www.yamaya-y.com

住焼津市八楠4-13-7
Ⓣ054・628・1137 営9:00～17:00
休元旦※設備点検日は臨時休業（水曜は半数店舗での営業）P多数
HP http://www.sakana-center.com

約70店舗が軒を並べる大市場街！

焼津さかなセンター

早朝はプロ仕様の魚市場だが、9時からは一般人大歓迎のスーパー魚センターに大変身。連日全国から観光バスがやってくるスポットだ。センター内には、約70の水産関連店舗が並び、買い物だけでなく、ガッツリ海鮮食事のできる店から、寿司の立ち食い的な店もあり、楽しみ方はいろいろ。休日の昼時は行列覚悟！それもまた楽しい。

「まぐろ三点盛」735円。(上)
「本マグロ大トロ」840円 (中)
「近海三点盛」525円 (下)

「おさかなコラーゲン」100g入り1袋3500円

スマル水産

人気急上昇中!? おさかなコラーゲン

こんなモノに出合えるとは！魚のウロコから抽出したコラーゲンをパウダーにしたその名もズバリの「おさかなコラーゲン」なるものを発見。ちなみにこの店、貝の品ぞろえが豊富なので貝好きは必見だ。

Ⓣ054・627・7905　営9:00～17:00
休水曜　HP http://www.sumaru.com/

山水

真アジ、キンメ、シラスに桜エビ。地物をパクリ

丼や寿司が手軽な値段で食べられることから、昼時ともなればアッという間に満席になる。真アジやキンメ、シラスなど7貫がセットになった「おすすめ寿司」は人気の一品。1貫からの立ち食いもできる。

Ⓣ054・629・3375
営9:00～17:00
休隔週水曜

「おすすめ寿司」1500円、「海鮮丼」1500円

回転寿司 まぐろ一本

市場直送!! 天然ミナミマグロ

さかなセンター内に2店舗を持つマグロ自慢の回転寿司店。一番人気の「まぐろ三点盛」はミナミマグロの大トロ、中トロ、赤身が一度に味わえるスーパーお得皿。さらに「本マグロ大とろ」も食せば立派なマグロ通だ。地物中心の近海物もお薦め。隔週水木曜休みだが1号店か2号店かどちらかはやっている

Ⓣ054・620・9900　営9:00～17:00

「本鮪すきみぐんかん巻」2貫300円、「本鮪づけ」2貫400円、「本鮪大トロ炙り」2貫1000円

本マグロの大トロ、中トロ、赤身が入る人気の「Aセット」1600円

本まぐろ寿司処カネトモ
極上「本鮪すきみぐんかん巻」に感動！

マグロ仲卸店直営の寿司屋とあって、昼時ともなれば満席。お薦めはズバリ、ココでしか出合えないマグロ。赤身を軽く炙り漬けにした「本鮪づけ」、脂を添加していない本物の「本鮪すきみぐんかん巻」、そして「本鮪の大トロ炙り」をぜひ。

Ⓣ 054・628・7008　営 9:00〜16:30　休隔週水曜
HP http://www.kanetomo.com/

はの字
アツアツ揚げたて「しんじょ」、いただきます

黒はんぺんやさつま揚げなどの練り製品製造直売の店先で、揚げたて「しんじょ」を発見。人気ベスト3は「いかしそ」、「れんこん」、「かぼちゃ」とのこと。「串揚げ」も揚げたてで、やっぱり一番人気は「いか」。おそるべしイカの力！

Ⓣ 0120・804・248（はのじにしよ〜）　営 9:00〜17:00
休隔週水曜　HP http://www.hanoji.net/

川直（かわなお）
「つくりたて」に誘われて、生利節！試食

「つくりたて」の一言に魅かれて覗いてみると、並んでいたのはカツオの生利節。製造直売の店だった。カツオをボイルし、ナラで燻したもので、その香りが特徴。手でほぐして醤油と大根おろし、刻みネギで食べるのが美味とのこと。お試しを。

Ⓣ 054・627・7928
営 9:00〜17:00
休隔週水曜

1本550〜3000円くらい

「しんじょ」1個210円、「串揚」は1本160円

カク長渡仲商店
マグロ好き必食！お薦め「本まぐろの中トロ切出丼」

近海生マグロの刺身、寿司からミナミマグロのかぶと煮やカマ焼きといった惣菜まで、マグロづくし商品が並ぶ店の奥にある食堂。人気メニューは「本まぐろの中トロ切出丼」だ。柵の端などが使われるため形は不ぞろいだが、これで1000円はお得！マグロ好きなら必食だ。

Ⓣ 054・627・8909
営 9:00〜16:30LO　休隔週水曜
HP http://www.kakucho.co.jp

「本まぐろ中トロ切出丼」1000円。カニ汁、マグロ角煮、デザート付き（上）
「地魚刺身盛り合わせ」800円（右）

すし・本まぐろ処 丸信
マグロ仲買の店直営！寿司屋で立ち食い

カウンターとテーブル席の小さな寿司屋だが、その隣ではミナミマグロや本マグロの柵やブロックが売られていて、まさにマグロ三昧の店。「カマトロ炙り」、「大トロ炙り」なんていうにぎりが1貫から食べられるのもそのため。

Ⓣ 054・627・7940
営 9:00〜17:00　休隔週水曜
HP http://www.yaizu-marushin.co.jp

人気の「スペシャル海鮮丼」2000円（左）
ミナミマグロの刺身とビンチョウのセット「まぐろ三昧」1200円（下）

吉田港の目の前で、40余年。新鮮、旬な地物定食に大満足

昭和43年から吉田港の目の前で営業している「ひげ奴」。磯料理専門店として、四季折々の旬の味、地元の素材をなによりも大切にしてきたという。店の看板メニュー、吉田港に揚がるシラスもその一つだ。仕入れは地魚を中心に、毎朝、相良港、御前崎港をはじめ、近隣の港や市場から。相良魚市場魚仲買人でもあり、その目にくるいはない。伊勢エビ、タイ、ブリ、アジ、イカ、キス、カツオ…毎日約20種類はそろう旬の魚介が、新鮮であることはもちろんだが、冷凍品を使わないのも店のこだわりだ。

　さて、運ばれてきた定食に正直驚かされた。箸に重みを感じるほど厚みがある刺身に、焼物、揚物…。ボリューム満点の品ぞろえだ。この日のお薦め、ツヤツヤのキンメダイが丸々一匹、大皿にドーンとのった「煮付け」や、かんだ瞬間プリッ、ふわっ、じわ〜と口の中にうま味が広がる大粒の「カキフライ」は季節限定の人気メニュー。来店前に確認電話を入れる常連客も多いという。

　ところで、店を訪れた時から気になっていた、深い味わいの木工作品の数々。実は長野県安曇野から木材を取り寄せ、店主・鈴木行央さんが趣味で手作りしたものなのだそうで、なかなかの腕前と見た。その不思議な魅力に魅了され購入していく人も多いという。料理だけではない、レトロな雰囲気がどこか懐かしく、ホッとさせてくれる店だ。

店主の鈴木行央さん（右）と辻敦司さん、若杉雄太さん

ひげ奴（やっこ）

住榛原郡吉田町住吉5394-17
T0548・32・0648
営 11：00〜14：30（LO14：00）、17：00〜21：30（LO21：00）
休月曜（祝日営業、翌日休み）、第3日曜（不定期）　P30台

右下：風味豊かな近海物カツオが主役の「かつを定食」2000円
下：「ナガラミ」630円、「海ツボ」時価、名物「いか塩辛」350円
左下：刺身、揚物、焼物など海の幸が満彩「ひげ奴定食」3150円

「船盛定食」2000円。やまかけ、茶碗蒸し、サラダ、ご飯、味噌汁、漬物付き

生野菜、茶碗蒸し、デザートも楽しめる「磯物定食」2500円

おすすめ

- 生シラス（4～12月）　650円
- カブト煮　時価
- 伊勢エビ汁　時価
- フライ盛合せ（2～3人前）　3675円～

【おみやげ】
「いか塩辛」大1200円

防腐剤無使用の板前手作りの味。「角煮」650円、「チリメン佃煮」650円もお薦めだ。

本日入荷！の御前崎産旬魚に舌鼓。ぶ厚い刺身の食べ応えに大満足

その店は潮の香りが鼻をくすぐる御前崎海岸沿いにあった。駐車場に波の音が届くほど海が近く、ドライブにも、もってこいの場所だ。

さて、店に入って一番に注目すべきは、本日入荷の旬魚が書かれたボード。御前崎港産の地魚が毎日5種類ほど記載されている。この日は「黒ムツ」や「ホウボウ」といった白身魚の刺身がお薦めだとあった。中でも今が旬の高級魚・黒ムツは身がやわらかく、全体にのった脂の味が上品で美味。さっぱり味のポン酢で、一層風味が際立つのも心にくい。これら単品は、プラス５００円で定食にするのも可能だ。

海鮮料理 みはる

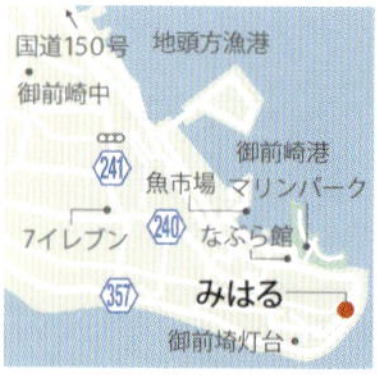

住 御前崎市御前崎1099-3
T 0548・63・5328
営 月～金曜11：00～20：30LO※土・日曜、祝日～14：00（LO13：30）、17：00～20：30LO（ネタがなくなり次第終了）
休 不定休※電話にて問い合せを　P 25台

7～8種類の旬魚を盛り合わせた「なぶら定食」2000円

さて、御前崎に来たらやっぱり気になるのが超高級深海魚・クエ。この地で養殖に成功した話は有名だが、メニューにあるのか尋ねてみると、なんとここでは貴重な天然物のみ取り扱っているのだそう。旬を迎える冬に訪れた際、ボードにクエと書いてあれば迷わず注文するべし。偶然出くわした幸運な者のみ、モッチリした歯応えの幻の味を堪能することが許されるのだ。さらに3月下旬～5月にかけては、みはる名物「カツオづくし」（期間、数量限定）2100円にも注目。刺身はもちろん、煮物、焼物、自家製塩辛、さらには締めのお茶漬けに至るまで、これでもかと地元産カツオを味わえる。四季を通して御前崎の旬魚を楽しめる1軒だ。

上：香りが食欲をそそる「太刀魚の石焼き」1300円。御前崎や焼津といった近港のものが登場

左：脂がたっぷりのったところを、おろしでさっぱり味わう「真メジのハラモ焼き」500円

下：「海鮮丼」1500円。当日の魚の入荷によってネタは替わる

おすすめ

- 磯定食　1900円
- 金目鯛煮付け　1500円
- 生シラス丼（3月下旬～12月末）1000円前後
- 鉄火丼　1200円

市場へGo!

2つのゾーンで「海の幸」づくし
御前崎 海鮮なぶら市場

住御前崎市港6099-7
T0548・63・6789
営海遊館8:30〜17:00
(4〜9月の土・日曜、祝日は〜18:00)、
食遊館 9:00〜21:00 休火曜、元旦 P200台
HP http://nabula.jp/

県西部唯一の、一般人向け魚市場「御前崎 海鮮なぶら市場」。かまぼこ形をしたピンク色の建物が特徴で、カツオの巨大なオブジェが出迎えてくれる。正面左手にある鮮魚や土産物などを買って楽しめる「海遊館」と、右手にある飲食店が集まる「食遊館」の2つに分かれ、計13店の特色ある店が顔をそろえる。観光客はもちろん、地元客も愛用する場内で見て、食べて、買ってと、心もお腹も満腹にしてくれる西部の台所だ。

御前崎 日光丸
専用船で釣り上げるカツオとマグロに感動!

「日光丸」という約35人乗りの船を3隻所有。遠洋漁業で釣り上げたカツオやマグロなどを冷凍販売する。ほかにカツオ節の量り売りや干物、高級ガニなども扱う。店の右側で提供する特製ダレに漬け込んで焼いた「イカのソフト焼き」500円も好評だ。

〈海遊館〉T0548・63・1717

若く元気なスタッフ・薮田洋平さん(上)
削りたてのカツオ節は100g450円(右)

地魚・鮮魚 ヤマショウ
競り落としたばかりの旬魚をゲットするならココ!

毎日14時に行われる競りで直接競り落としたとびきり新鮮な魚介類や、全国の魚介を厳選して販売。1匹丸ごと買っても「刺身用」、「煮物用」など、客のリクエストに応じてさばいてくれる。調理法などを教えてくれるのもうれしい。

〈海遊館〉T0548・63・6888

つぼ焼きにして食べたい「サザエ」は1個250円(上右)
御前崎といえば「カツオ」。5月には初ガツオが登場(上左)
活きのよい「マイワシ」は1盛り350円(左)

和風レストラン ナチュラル
カツオ、キンメなどの地魚を定食で

喫茶店風の外観に、つい「洋食店?」と勘違いしそうだが、地元の幸を使った和食オンリー。9種類の定食や6種類の丼のほかに、「鰹のみそたたき」など一品メニューも。壁に貼られた季節のお薦めメニューをチェックしたい。4〜5月にはぜひモチガツオを味わって。

〈食遊館〉T0548・63・6618
営11:00〜15:00、17:00〜21:00
(土・日曜、祝日は通し営業)

「かつお刺身定食」1050円(上)
「金目煮魚定食」1350円(右)

コーンはシングル280円、ダブル330円、カップはシングルのみで330円

ジェラートのオブジェが目印

ITALIAN GELATO MALE
シラスの食感!?「しらすアイス」は必食!

常時12〜13種類がそろうジェラート専門店。名物はなんといっても「しらすアイス」。ほのかな塩味とシラスの食感はここでしか味わえない。ほかに「本わさび」や「煎茶」など地元素材を使ったジェラートもあるのでお試しを。4〜5人分の持ち帰りパックもある。

〈食遊館〉Ⓣ0548・63・5963
㈼8:30〜17:00※4〜9月の土・日曜、祝日は〜18:00

藤田水産
やわらかさが選べるシラス干しや干物は即買い!

近くの工場で加工するシラス干しや、魚介の干物がずらりと並ぶ。シラス干しはふっくらやわらかな釜揚げシラスと、「若干」から「上干」まで4段階のシラス干しをグラム単位で量り売り。

〈海遊館〉Ⓣ0548・63・6661

「いかの沖漬け」550円
「いわし丸干し」1連(4尾)130円

「金目鯛の干物」1400円

寿し処 海幸(かいこう)
魚屋直営の新鮮寿司&ワンコイン丼に注目!

店主・冨田昌寛さん

サービスで始めたワンコイン丼が盛況。以来、丼は常時10〜12種類を用意している。寿司では6貫の「レディース」600円や、2貫ずつ注文できる少量にぎりメニューもあり、年配者や女性目線の品ぞろえがうれしい。すべてテイクアウト可能なので、天気のいい日には海を眺めながら食べるのもいい。

〈食遊館〉Ⓣ0548・63・6166
㈼11:00〜21:00

「生シラス丼」500円(左上)
「鰹漬け丼」500円(左)
「まぐろづくし」1000円(上)

「本枯鰹節」100g450円

マリンステーション 大沢
香り高いカツオ節にはここならではの秘密が…

乾物や菓子などの土産物がズラリ。一番のお薦めは鰹節。「手火山製法」という昔ながらの手作業で加工したもので、香りと風味が豊か。たまには家で自ら削ってみたくなる。店主の親戚が作っているためリーズナブルに提供できるのだとか。ほかに、期間限定の御前崎産サツマイモで作る「芋切り出し」も人気。

〈海遊館〉Ⓣ0548・63・5850

「桜えびせんべい」1000円、(小)500円

シラス、白魚、モチガツオ…。福田港ならではの魚を最高鮮度で食す

国道150号沿いにある穴場的な雰囲気を漂わせる店。うっかり見落としそうな佇まいながら、休日ともなれば駐車場にまで順番待ちの客があふれる人気店だ。のれんをくぐると出迎えてくれるのは、店主・河邊信男さんの「いらっしゃい!」の声と、水槽を悠々と泳ぐ福田港に揚がった地魚たち。そう、この旬魚こそが店の売り。港に近い立地を生かし、水揚げされたばかりのピチピチを料理し提供してくれるのだ。しかも元柔道選手の店主が、自分を基準に「お腹いっぱい」の量を設定しているため、ボリュームもすこぶる満点だ。重量感のある丼は10種類

魚時（うおとき）

住磐田市福田中島1390
T0538・58・1178（直）0538・55・2620（魚屋と共通）
営11:30〜14:00、17:00〜21:00
休水曜　P30台

福田に来たならやっぱりコレ!塩加減と甘みが絶妙な「釜あげシラス丼」840円

以上あり、中でも「釜あげシラス丼」は看板メニュー。名物のシラスが山盛りで、食べ進むうちにほのかな酸味とさわやかな風味に気付く。その正体は、ゆかりご飯。これが塩分を抑えたまろやかなシラスの味わいを引き立て、実に美味なのだ。この店でしか味わえない魚料理はほかにも多く、お薦め看板は要チェック！中でも5月に最盛期を迎えるカツオは必食。モチガツオと呼ばれる最高鮮度のカツオは、地元の魚屋しか買う権利がないが、ここは魚屋を併設しているので特別に提供できるそう。専門漁師が2人しかいない希少な白魚や、生シラス、天然トラフグなど、福田を訪れたらぜひ食べておきたい名物が、この店には満載だ。

右：弾けるような食感の白魚や、炙ったサワラなど「お刺身盛り合わせ」800円
左：熱々の天つゆに揚げ立てをジュワッと付けて味わう「かきあげ」700円。丼は840円

おすすめ

- 活車海老天丼 1050円
- カツオの塩辛（1パック） 350円
- 生シラス 630円
- 太刀魚の刺身（5～6月） 800円

【おみやげ】「シラス」1パック500円～

隣接する魚屋ではシラスのほか鮮魚、刺身を販売。午前中ならフライや煮魚などの惣菜も。

上：漬けマグロ、ホタテ、旬の白身魚などがのる「海鮮丼」1050円
右：脂がたっぷりのり、トロンと濃厚な煮汁がうまい「カンパチのあら煮」800円
左：店主・河邊信男さん

父が釣り、兄弟が料理する 鮮度抜群の福田の魚を味わう

国道150号沿いに突如現れる釣船「磯光丸」。その勇壮な姿を目にし、驚いた経験のある人も多いのではないだろうか?目印としてはまさに最強。ここに港の食堂「磯光」はある。

　さて店に入ると、滝のような水音を響かせる巨大ないけす。中にはアジやイシダイ、ホウボウ…。泳いでいる魚を注文と同時にいけすから出して調理し、鮮度抜群の魚料理を提供してくれるというわけだ。お薦めはズバリ、天然物のアジ。刺身やタタキにするとプリプリと跳ね返るような弾力があり、その歯応えに新鮮さを実感するはず。かむほどにギュッとうま味が出てくる身を濃口醤油で味わえば、ご飯がどんどん進むこと受け合いだ。もちろん、アジは塩焼きも絶品。ここは贅沢に両方いきたい。

　店で扱う鮮魚の多くは、店主・松浦光孝さんの父・松浦喬さんが「磯光丸」で波の荒いポイントから釣ったもの。ちなみに磯光丸は観光釣船でもあり、1人12000円（エサ、氷付き）で遠州灘の釣り体験ができる。この日も釣りが趣味らしき常連客が、カウンター越しに店主と釣り話に花を咲かせる光景が見られた。釣り好きならぜひともチェックしておきたい。

　ランチは定食6種類、丼3種類と豊富なうえ、1人3500円以上なら宴会も可能（要予約）。10人以上なら市内は送迎してくれるのもポイントが高い。

磯光（いそみつ）

住 磐田市小島985　T 0538・32・0011
営 11：30～14：00、17：00～21：00
休 火曜　P 20台
釣り希望者は
http://www.1091.co.jp/tsurifune/toukai/shizuoka/?shop=isomitsumaru を確認して

ふわふわの魚介のすり身をパリッとした薄皮が包む「揚げしゅうまい」683円

自慢の天然アジのうま味を味わうならシンプルな「アジの塩焼き」840円がお薦め

おすすめ

- アジたたき定食　1260円
- 磯光定食　2100円
- アジ刺身(単品)　893円
- ランチ・焼魚定食（サバ or ホッケ）　各840円

右：7種類以上の刺身がのり、自慢のアジタタキもたっぷり付く「刺身定食（上）」1890円
下：照り具合も美しい「金目の煮つけ」1000円～。ショウガが効き、魚のうま味がしみ込んだ汁も絶品

バリエーション豊富な浜名湖料理は食感重視でボリューム満点！

浜名湖の玄関口・弁天島。駅から渚園方面に向かう一本道沿いには、カキや海苔など海産物を扱う店が軒を連ねる。その先に現れる、旅館を思わせる佇まい。思わず期待が高まる。座敷席に座り、「本日のおすすめ」に目をやると、浜名湖で揚がった鮮魚の刺身メニューがずらり。それだけでどれにしようか迷ってしまう。

店主の岡田謙さんは、東京で長年和食の修業をし、8年前に祖母が旅館を営んでいたというこの地に店をオープンした。「せっかく新鮮な魚が味わえるんだから」と、食感を重視した料理はどれも、歯応え十分で鮮魚の持ち味を存分に

和食やさん

浜菜坊（はまなぼう）

住 浜松市西区舞阪町弁天島3101
T 053・592・1676
営 11:30〜14:00、17:00〜21:00　休 火曜、第2水曜（ともに祝日営業、翌日休み）
P 25台
HP http://www.hamanabo.co.jp/

新鮮さが命！の「生シラス丼」
1100円（味噌汁、漬物付き）

生かしている。中でもカキは格別で、聞けば親戚が近くでカキ棚を所有しているのだとか。焼きガキはプクッと大ぶり。一口では入りきらないほどの大きさで、スープも実に濃厚だ。

メニューは6種類の定食や2種類の豪華な丼から、酒の肴の一品料理までとバリエーション豊富。「魚が好きではない人もいるから」と用意した肉料理も隠れた人気メニューなんだとか。季節によっては天然ウナギやスッポン、ドウマンガニなど希少な魚介がリーズナブルに味わえるのも見逃せない。

さらに、かつての旅館機能を生かして、1日1組（4人～）限定で、2階の座敷席に宿泊することも可能。朝まで浜名湖の幸に囲まれて過ごすのも楽しそうだ。

上：「焼がき（2個）」500円前後
※大きさによって値段が異なる。冬季限定
左：「浜菜坊定食」2100円

おすすめ

- すっぽんコース（2人～）1匹12000円
- 刺盛　1600円～
- 茹で立て釜揚げ生シラス　700円
- 牛網焼ステーキ定食　1575円

左：ふわりととろけるような食感の「うなぎ蒲焼」1350円
中：季節の煮魚は700円から味わえる
右：店主・岡田謙さん

標準和名は「アミメノコギリガザミ」。なるほど頭（？）のふちをノコギリの刃のようなギザギザが、ティアラよろしく飾っている。胴が丸いので「胴丸」と呼ばれていたのがなまってドーマン。独特の強い甘みのある濃厚な味で、これを活かすため、調理方法は塩ゆでが一般的だ。ドーマンガニは、左右ツメの大きさがやや違っていて、小さい方は切る、大きい方は砕くと役割分担している。ツメで挟む力は1トンを超えるというから、出荷時に縛られるほど。この力持ちの大きなツメが特に美味である。とにかく希少なので高級食材として珍重されている。

浜名湖のドーマンは、ノコギリガザミの仲間の中でも北端に生きているカニで、南の島にいるマングローブクラブもその仲間という熱帯系。浜名湖は日本で10番目に大きい湖だが、平均水深が5メートルと比較的浅く、気候も温暖。今切口からは、1日に2回、遠州灘の海水が大量に出入りする。マングローブこそないが、浅いがゆえの栄養豊富な泥がドーマンガニにはよろしいらしい。夏場、夜、ライトで水中を照らして行われる浜名湖の伝統漁法「たきや漁」の最大の獲物で、旬は夏。ちなみにカニのツメは簡単に取れ、簡単に再生するようだ。だったら、カニを飼い続け、ツメが生えれば取りを繰り返せば、殺生せずしてカニが味わえると思うのだが、それを試みている人はいないのだろうか。

浜名湖のドーマンガニ

挟む力は1トンを超える熱帯系の力持ち。
だからこそ、ツメはとっても美味なんです。

遠州灘のモチガツオ

その独特の歯ざわりからこう呼ばれるソウルフード。
沖をカツオが行き来する遠州ならではの贅沢品。

春が近づくと、今年はいつカツオが食えるか楽しみになる。これも新鮮なカツオがマーケットで手軽に買える静岡ならではの恵みだ。何せ奈良時代に静岡の人が税として都にカツオを納めた記録があるというくらいだから、静岡とカツオの付き合いは長い。

ところが「春はやっぱモチガツオでしょ」と遠州福田の知人は言う。モチガツオとはカツオの仲間の魚名ではなく、遠州灘を北上するカツオを釣り上げ、直ちに絞めて血抜きをしたカツオのことだ。ひと手間を加えることで、餅のような独特の食感が生まれ、苦手な人もいるカツオ独特の香りが薄いスペシャルなカツオに変身する。目と鼻の先の遠州灘で獲れるからこそ可能な味であり、浜の人たちは普通のカツオと区別して、モチガツオと呼んでいる。

毎年欠かさず食べる先ほどの知人に言わせれば、かめばかむほどなんともいえない甘みが口の中に広がるという。この味が忘れられなくて、季節になると、魚屋の店先に「モチガツオあります」のメッセージを見ると、何を置いても買い求めてしまうのだそうだ。遠州人にとっては季節の節目となるまさにソウルフード。ただ、モチガツオも生だから鮮度が命。手に入れて数時間も経てば、モチガツオとて普通のカツオ以上に硬くゴジゴジになってまずくなるそうだ。が、時間の経ったモチガツオにまで、福田の人々はゴジガツオと名付けて愛しているらしい。

ここでしか味わえない珍品ぞろい！アットホームな庶民派食堂

舞阪港から弁天島駅方面へ歩を進めること3分。民家を思わせる佇まいに、なにやら気さくな店の予感。案の定、扉を開けると漁師と思われる地元客が店主と話し込んでいる。これは魚も上物がそろっているに違いない。

店主・城取鉄雄さんが店を始めたのは約15年前。以前は仕出しも行う魚屋を営んでいたというから、魚の目利きは折り紙付き。さらになじみ客には養鰻業者や漁師も多く、鮮度抜群の魚を持ってきてくれることもしばしばあるらしい。

店の人気メニューはそんな地魚料理が主流だが、「トウジン」、「脂ソコムツ」、「銀アナゴ」など、聞き慣れない名前の魚料理にもファンが多い。出合えたならぜひ試してほしい。また、昼の営業は土日のみだが、「サービスランチ」は絶対必食！「日替わり定食」とは名ばかりの、煮魚、刺身、フライとまるでコースのような品ぞろえで、浜名湖の幸をたっぷり味わうことができる。

カウンター席に座れば浜名湖のおいしい情報を常連客から教えてもらえたり、隣人との料理談議に花が咲いたりと、アットホームな時間が過ごせる。座敷席に座れば、窓から雄大な浜名湖を望むこともできる。おいしい魚をたらふく食べて、会話も楽しめる。できることなら秘密にしておきたいとっておきの店だ。4〜5月にかけては、常連客が我先にと注文する「モチガツオ」も要チェック。

魚のてっちゃ

住浜松市西区舞阪町舞阪2121-31
T053・592・0272
営11：00〜14：00（昼は土・日曜のみ営業）、16：00〜23：00
休火曜　P5台

左から「シラスの玉子とじ」750円／「煮魚」（写真はトウジン）／遠州灘に潜む深海魚「トウジン」。値段は魚により異なる

「刺身盛り合わせ」（値段は魚により異なる。）と
「イカの塩辛」350円（奥）

「うな丼」1800円（味噌汁付き）

おすすめ

- ふぐコース　8000円
- アサリ天とじ丼　1200円
- イカバーグ　650円
- だんご（魚のつみれ天ぷら）　500円

「ワカサガレイの塩焼き」750円と「イシモチの味噌汁」250円
（価格は時価により異なる）

クルマエビ専用いけすあり。老舗の伝統を名物・活天丼で堪能する

店に入るとその先に弁天島名物の大鳥居、舞阪漁港、ずらりと並ぶ漁船。舞阪らしい光景が広がる。漁港のすぐ正面に位置するこの店は大正元年創業。舞阪でもかなりの老舗だ。初代の山田荒次郎さんが漁師から魚屋を営み、2代目女将の君子さんが店を盛り立て、現在は君子さんの子に当たる山田早智子さんと親方の山田哲也さんが受け継いでいる。

素材は舞阪産はもちろん、全国から吟味した旬のものを使用。仕入れた魚介は店の裏手にある水槽で生かしている。店の名物は戦後からメニューにあったという「活天丼」。レジ横

活魚料理 魚あら（うお）

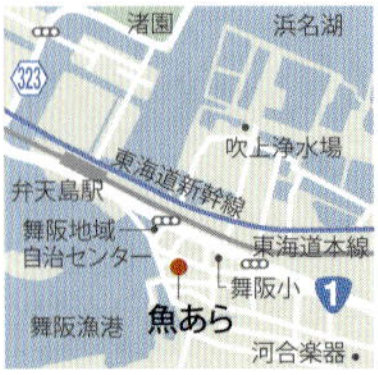

住 浜松市西区舞阪町舞阪2119-12
T 053・592・0041
営 11:00〜14:00、16:30〜20:00　休 月曜（祝日営業、翌日休み）※月1回連休あり　P 37台（土・日曜、祝日45台）
HP http://www.uoara.com

「活天丼」2100円

にはクルマエビ専用のいけすがあり、注文が入ってから取り出して調理する。特製ブレンドのごま油で一匹丸ごとカラッと揚げた甘みのあるエビ天は、サクサク衣と殻までやわらかい身のバランスが絶妙。秘伝のタレもさっぱりしていて癖になるおいしさだ。そして待望の生シラスの登場は4月。朝10時頃、船が舞阪漁港に入ってくるのを窓から見届けて、漁港まで取りに行くという。さらに5月頃に旬を迎える初ガツオは、釣りたて特有のモチモチした食感が堪能できる「モチガツオ」が食べられる可能性も高い。ともに良いものがない日は店に出さないというので、事前に電話確認することをお薦めする。

上：「さしみ定食」1575円
左：「活魚あら定食」3675円
下：「あさりの酒蒸し」630円※春先から秋口までの期間限定

おすすめ

- えび入りサラダ　630円
- 活子供天丼　1500円
- あら煮　値段は魚の大きさにより異なる
- かきカラ付き焼き（12～2月）　1575円

窓に映る浜名湖の借景が拝める店内

3代目・山田早智子さんとスタッフの皆さん

地元民とともに舞阪の味を支える
癒やし系食事処で地魚を堪能

自宅を改装し、「地元民に愛される食堂に」とのれんを掲げたのが11年前。今では常連客が玄関をガラリと開けて、「今日6時にお弁当4つね〜!」と直接、出前注文に訪れる。そんなほほ笑ましい風景が日常茶飯事の、わが家みたいな店だから、心からくつろいで食事が楽しめるのだろう。

車で5分も走れば舞阪港という好条件の立地で、鮮度抜群の地魚を堪能できるのも魅力。冬場のお薦めは、何といっても浜名湖産のカキだ。プリッと肉厚で大ぶりなのが多く、中には10センチの大物もあるとか。一口味わえば磯の香りが口いっぱいに広がり、トロリとクリーミーな舌触りが後を引く。冬場は、衣はカリッと、中は熱々の「かきフライ」1050円で味わうのがイチオシだ。またここでは、地魚の刺身、それも白身魚を忘れずに味わっておきたい。淡白ながらうま味がギュッと詰まっていて、キュッと身が締まった新鮮なものが登場する。その日の仕入れによって、どんな魚が刺身になるかはお楽しみだ。

最近は出前注文も多く、舞阪港の仲買人や混ぜ海苔の生産者など、地元の名物・名産品を支える人々が得意先だとか。弁当が1050円〜、膳は1260円〜、ほかにも丼や麺類が合わせて40種類以上と品数も豊富だ。遠方でも、電話注文すれば出前メニューを持ち帰りできるので、こちらもお試しを。

食処（くいどころ）むらまつ

住 浜松市西区舞阪町長十新田86
T 053・592・3029
営 11:00〜13:30、17:00〜19:30※来店前に電話で席の確認を
休 月曜　P 4台
HP http://murachan.hamazo.tv/

左から：ランチとしても人気が高い「かけうどん定食」735円。自慢の天ぷらも付くお得なセットだ／仕入れは店主・村松利貞さん自ら港に出向くほか、市場で働く弟さんの目にかなった鮮魚や、仲間の漁師が釣ったカツオなど、自然に上物が集まってくる／7畳半に4人席が2つ、2人席が2つのこぢんまりした店内

会席料理の１品として登場する「カキの酢の物」。ダイコンおろしとユズであっさりと味わう

おすすめ

- 刺身膳　1365円
- 天丼　840円
- かきフライ膳（1月頃～3月中旬）1575円
- 会席料理（8～14名）3150円～

右：このボリュームでこの価格！ もちろんエビや白身魚といった魚介も入った「串フライ膳」1260円
下：地元の旬魚が5種類前後入った「刺身盛り合わせ」1人前1050円。白身魚が中心

市場へGo!

「イチゴ」も大特価

野菜販売エリア

プロも主婦も納得。
安くて安心な新鮮野菜

ジャガイモ、チンゲンサイ、タマネギなど遠州野菜が毎日20種類以上並ぶ。多くが100円前後なのもうれしい。人気上昇中なのは「サラダセット」。袋に地場野菜が7～8種類入った使い切りサイズで、オリーブオイルとレモン、塩でシンプルに味わうのがお薦めだそうだ。

住浜松市西区雄踏町宇布見9981-1
T053・597・2580
営7:30～19:00 休元旦のみ P20台
HP http://www4.ocn.ne.jp/~yuto/yorasse.html

地元直送！浜名湖ならではのレアものぞろい

よらっせYUTO

ゆうとう

市場にしてはちょっと小さめ?いやいや侮るなかれ！ここは雄踏、舞阪、村櫛といった地元漁港直送のレアな魚を手に入れることのできる超穴場なスーパー市場だ。アユの稚魚・アユゴといった一般市場には出回らない魚を漁師が港から直接持ち込むことも度々あるし、地元生産者が丹誠込めて作った旬の野菜や、海苔や漬物などの手作り食品、お土産も多彩にそろう。お楽しみ満載のスポットだ。

「花かんざし」など、鉢物は必見

生花販売エリア

花産地ならではの
格安切り花を要チェック！

さすが浜名湖沿岸部は県内屈指の花産地だ。農家が育てた新鮮な切り花が2、3本の束になって100円からと、格安な価格が花好きにはたまらない。ガーデニングに使える花苗やハーブ苗などがそろい、寄せ植え作りが楽しくなりそう。

鮮魚販売エリア

地魚を買うならココ！
夏はドウマンガニもあり

地元漁港からの仕入れのほか、漁師が持ち込む鮮魚も販売。この日は偶然、2月中旬しか出回らない「アユゴ」を持って来たなじみの漁師の姿も。今だけ！今が旬！とれたて！そんな激レア魚に出合えるのが最大の魅力。

「活き車エビ」時価

激レア鮮魚の「アユゴ」時価

「あさり」1袋480円は肉厚で味も濃い（上）
魚を買うなら午前11時頃が狙いめ

ドーマンガニ

ワタリガニ

国産の「ウナギの白焼き」時価（左）
舞阪港の名産品・海苔が豊富（下）

お土産販売エリア
定番はもちろん、個性派新商品も

「うなぎパイ」や地酒など定番品のほかに、ちょっと風変わりなものも販売。愛犬と一緒に味わえる浜名湖産ウナギを使った「蒲焼き風クッキー」がそれ。ここで試作品を限定発売しているそう。ほかに気賀の関所にちなんで手形をデザインした菓子「通行手形」もインパクト大。どちらも浜松らしい一品だ。

「きざみ鰻」や「あさりやわらか煮」など浜名湖らしい佃煮も発見

小瓶の地酒は持ち運びやすくお土産に最適（右）浜松市副市長・うなぎイヌが目印の「蒲焼き風クッキー」1000円（右下）手のひらほどの大きさの「通行手形」200円（下）

地元でも評判。源馬の「塩辛」

海産加工品販売エリア
浜名湖が誇る「まぜのり」発見

新海苔、生海苔、焼き海苔と豊富にそろうのは県下唯一の海苔産地・浜名湖ならでは。特に、この地特有の黒海苔と青海苔をブレンドした「まぜのり」は要チェック！風味と香りを堪能してほしい。海産加工品の老舗「源馬」の塩辛、「入妻中村義雄商店」の佃煮も買える。

「うなぎボーン」（左）、「あらびきウィンナー」（右）

手作り品販売エリア
素朴な味わいは、贈り物にも◎

ウナギの骨を使った菓子「うなぎボーン」210円や、海苔の佃煮、豆腐や味噌など遠州の手作り品が並ぶ。浜松市にあるまんさく工房の「あらびきウィンナー」や「とりささみスモーク」、手作りコンニャクなど多彩にそろう。

干物販売エリア
ホッケの干物からちりめんじゃこまで

「シマホッケ」などの大物のほか、「アジの開き」や「えぼ鯛」も人気。鮮度と風味を真空パックにし、食べ切りサイズで販売している浜名湖産「ウナギの蒲焼き」や、「チリメンジャコ」、たっぷり入った「ウナギの肝」などお土産にピッタリ。

新鮮な状態を加工した「チリメンジャコ」は、たっぷり1パックで400円

企画・編集　静岡新聞社 出版部

スタッフ
海野志保子・梶　歩・倉澤清和・小林紀子・高岡基・鈴木和登子・瀧戸啓美・田中三智子・永井麻矢・南條亜紀子・深澤二郎・松井仁美・溝口裕加・山﨑南香

デザイン
komada design office
長倉加代子

ぐるぐる文庫　港食堂本

2010年4月23日　初版発行

著　者　静岡新聞社
発行者　松井純
発行所　静岡新聞社
〒422-8033　静岡市駿河区登呂3-1-1
TEL　054-284-1666

印刷・製本　大日本印刷株式会社

©The Shizuoka Shimbun 2010 Printed in japan

ISBN978-4-7838-1911-0　C0036

＊定価は裏表紙に表示してあります。
＊本書の無断複写・転載を禁じます。
＊落丁・乱丁本はお取り替えいたします。

好評既刊「ぐるぐる文庫」

定価840円(税込)

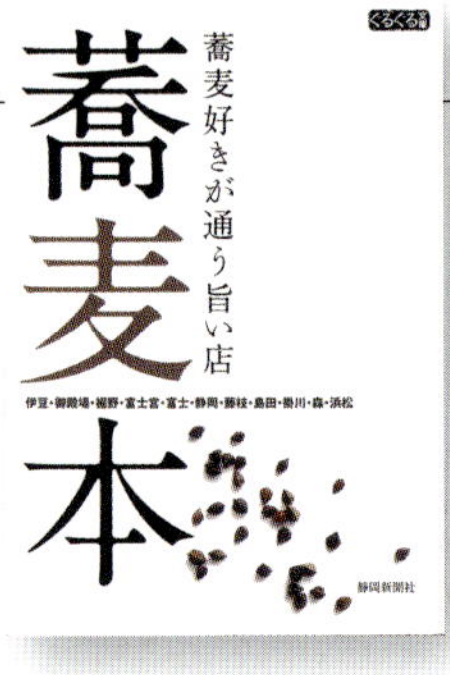

「蕎麦好きが通う旨い店　蕎麦本」

蕎麦好きが選んだ、県内のおすすめ蕎麦処を紹介。蕎麦前の酒肴や蕎麦屋ならではのスイーツも収録。

「しずおか和本舗　甘味本」

地元の人たちに愛されてきた各地自慢の和菓子や甘味処、旅人気分が味わえる門前町散歩を特集。